前言

成人漫畫真的很棒，對不對？

書中那些可愛又好色的女孩子
在如夢如幻的情景之下
滿足我們性衝動的嬌媚模樣，
簡直讓成人漫畫穩坐現代版聖經的地位。

但是，大家知道嗎？
成人漫畫裡有許多畫面
都只重視猥褻淫蕩，
幻想的場景更是浮誇。

要是把成人漫畫裡的知識當作真的
並套用在現實的女孩子身上，
下場恐怕會淒慘無比吧！

因此我們要用本書揭穿成人漫畫
經常描繪的性表現之真偽。

希望這本書能幫助大家
了解女孩子身心，
並對未來實際的性行為有所助益。

Contents

前言 02

5分鐘告訴你！成人漫畫的歷史 04

如何閱讀本書 06

第1章　前戲篇 07

就算粗魯揉捏，照樣舒爽翻天！ 08

性致來潮，乳頭就翹！ 10

愛液泛濫成災，大腿一片濕答答 12

愈是激烈愛撫私處，銷魂蝕骨愈是強烈 14

深情一吻，飄然欲仙 16

只要吹簫，愛潮就會氾濫 18

即便深喉，也會性奮 19

只要滿臉淋上玉液，就能贏得佳人芳心 20

寬衣解帶，一氣呵成 21

巨乳女孩皆是乳交專家！ 22

光是揉捏乳尖，就能讓人魂斷慾海！ 24

騷弄耳鬢的言語挑逗，挑動女孩的情慾淫心 26

準備就緒的女孩香穴大開，「寶貝來嘛～」 28

善用成人玩具，觸動全身情慾 30

專欄　日本成人漫畫各部位的擬聲擬態詞 32

第2章　本番篇 33

哎呀!?怎麼一直溜出來呢？ 34

雖是初經人事卻爽到升天 36

才一插入，瞬間高潮 38

蠕動的陰道，貪婪地吸取精液 40

登場的女孩，全員皆名器 42

活塞運動激烈，高潮永不停歇 44

那話兒愈大，女孩就愈爽 46

「頂到深處好舒服！」 48

頂住子宮口，高潮難抵擋！ 50

宛如雜技團的體位，讓人亢奮爆裂!! 52

無套性交，銷魂酥麻!! 54

嬌喘呻吟不可忍 56

內射氣勢磅礴，瞬間融化升天 58

達到高潮，愛液如潮！ 60

絕頂升天，「抽搐不斷!!」 62

只要中出就會懷孕！ 64

嗯～已受精……♡ 65

專欄　成人漫畫入手途徑 66

第3章　特殊情況篇 67

高潮過頭的恍神狀態 68

「再來一次嘛……♡」索求無度的女孩子 70

「嗯～好吃……♡」津津有味地吞下精液 72

過度興奮到噴出母乳 74

「穩定期沒問題」就算有孕在身，也要愛愛 75

在光溜溜的屁股裡爆菊花！ 76

白眼吐舌、恍惚失神的高潮慾女！ 78

顛覆日常的SM玩法更亢奮 80

角色扮演，興奮爆表!! 82

「明明討厭卻口嫌體正直……」遇到癡漢，暗爽在心 ..84

「姊姊已經忍不住了……」隨著年齡高漲的性慾 86

茫茫人海中，激情大戰誰知曉 88

性滿意足，肌膚晶瑩剔透！ 90

讓人秒陷慾海的神奇性愛用品「春藥」 92

專欄　躲避敏銳如獵人的母親，藏匿成人漫畫！ 94

作家介紹 95

成人漫畫的歷史

我們彙整了長久以來在性愛世界對世人關懷備至的成人漫畫的歷史，並利用短短的篇幅，讓大家「先了解到這個程度」。

♥ 何謂成人漫畫？

那些俗稱「黃色書刊」的內容通常都是以女性裸體或性行為的「照片」所構成的；而相對於此的成人漫畫則誠如其名，也就是以「漫畫」形式呈現的黃色書刊。黃色書刊主要是透過視覺來得到性興奮，而成人漫畫除了視覺，故事情節也不容忽視。漫畫屬於一種創作，因此現實生活中難以隨心所欲的夢幻行為，通常都能透過這個媒體展現出更加風流放蕩的畫面。

♥ 成人漫畫的根源

江戶時代被稱為「艷本」的色情小說插畫及春宮圖應可算是根源。當時的春宮畫雖然沒有分鏡，但都是連續圖畫，也有對白，有些內容甚至堪稱漫畫先鋒。1900年代才出現像現代漫畫的格式，至於故事情節遊走於色情之間的漫畫，則是直到1940年代才登場。

♥ 成人漫畫的雜誌數量

成人漫畫雜誌在鼎盛時期雖然將近100種，然而現在卻只剩50種，幾乎少了一半。主要原因有法律規定（留待後述）、粗製濫造遭到淘汰及出版業不景氣等等。關於出版業不景氣這一點，紙本雜誌銷售量不佳的背景因素，在於主戰場轉移到電子漫畫；但就情色這個類別來講，總數本身應該是有在增加。

成人漫畫的戰鬥軌跡

成人漫畫在歷史上曾經經歷一段飽受壓迫的悲壯歲月。我們不可忘記這些為了成人漫畫舉起抗戰的人，就算是偶爾緬懷也無妨。

江戶時代的春宮畫及艷本，原本在幕府的天保改革之下禁止出版。但是在黑市卻因愛好者私下交易，而成為奇貨可居的奢侈品。當時幕府不僅禁止出版，就連提筆繪畫也不允許，所以浮世繪畫師才會以假名繪製春宮圖，好讓他人無法辨識畫作出自誰人筆下。

時間來到戰後，駐日盟軍總司令（GHQ）的審查制度瓦解了色情，到了90年代甚至還引起有害漫畫騷動，讓出版社開始針對相關的出版品自我規範，例如打上成年漫畫的標記，煞費苦心修圖，經歷過一番波折才得以走到現在。直到今日，人們依舊天天為性表現這件事爭論不休。

修圖修到看不見性器官，也就是俗稱「打碼」的情況，也隨著時代變遷而有所調整。

成人漫畫的多樣化

成人漫畫的內容隨著歷史盛衰展現出豐富多樣的變化。這裡舉幾個代表例子來看看這一路的變遷吧！

劇畫系列

堪稱成人漫畫的出發點、以寫實畫風的圖畫為特徵的系列。大多數是重口味內容，自古以來SM的劇情更是勇奪人氣。雖然當今氣勢不如以往，但是深植人心的地位依舊屹立不搖，是爸爸等級的讀者喜歡的類型。

美少女系列

80年代開始嶄露頭角，現在已經建立起一大勢力的系統。結合男孩子鍾愛的豐腴身材及年幼臉蛋的視覺效果之類的戲劇性畫面，雖說曲線變形、過度玲瓏有致的女孩子相當迷人，但蘿莉風格若是太過強烈的話，反而會遭受他人批評。

特定領域雜誌

鎖定某個特定領域，目標是固定讀者層的類型。巨乳、蘿莉及SM打自初期就已經存在，不過現在「人外」這個非人的架空種族以及女性上位等小眾領域的雜誌也愈來愈普遍了。

電子漫畫的抬頭

近年來有增加趨勢的出版型態之一，而且現在不少是紙本媒體原本沒有出版的作品。有些因為自我規範而使得通路受到影響的出版社現在更是以這種類型的出版品為主流。最大的魅力，莫過於購書時不需在意書店店員的眼光。

二次創作

出現在70年代開啟的同人誌販售會，以獨自的解讀方式描繪現有作品的愛好者藝術之一。內容並非只有情色，但此類作品眾多也是不可否認的事實。能滿足讀者想看女孩擺出某個姿勢的慾望。

♥ 表達方式的發展

成人漫畫利用了漫畫形式以及幻想產物這個優勢，以如何表達情色為命題，發展出各式各樣的呈現方式。本書中也會提到，在重視情色的結果下，就會出現不少現實生活中根本就不存在的表現方式。所以大家在看這本書時不要急著吐槽，先開心地從中學習如何辨識真假就好，千萬不要以為成人漫畫中的每個場景都有可能出現在現實生活中喔！

♥ 從成人漫畫跳槽到一般雜誌的過程

由於成人漫畫的特性，因此在繪畫水準及表達能力豐富度等方面的要求都會比一般雜誌還要嚴格，所以有不少漫畫家會先在成人漫畫磨練一段時間，再跳槽至一般雜誌。只是成人漫畫在業界的地位往往低人一等，加上有些漫畫家擔心讀者在搜尋自己的名字時，有可能會跳出畫面相當猥褻的圖片，所以有些人投稿一般雜誌時會改用其他筆名。這應該也算是另一種自我規範的形式吧。

成人漫畫特有的表達方式

啊嘿顏

就算沒有畫出「啊嘿啊嘿」的喘氣模樣，但是表情卻生動到讓人產生幻覺，彷彿聽到陣陣的喘息聲，表現出女孩子因為高潮而神情恍惚的模樣。

眼冒愛心

常言道，眉目傳情勝於口。只要眼睛冒出愛心，即使不說一句，照樣能明白對方心中的滿滿愛意。

剖面圖

畫出平常根本就看不見的女孩身體內部。光是如此，就足以讓情色氾濫。儘管大家都知道這種情況在現實生活中是不會出現的。

如何閱讀本書

1 成人漫畫的「原來如此」場景

當我們在看成人漫畫時，大家是不是曾經恍然大悟，直拍大腿高喊「原來如此」呢？這個項目會搭配插圖，解說在成人漫畫中為大家帶來這種性知識的場景。不管有多熟悉，經過解說之後，說不定看法會變得不一樣喔。

2 真相到底是什麼!? 現實中的「答案」

等等！這個性知識是正確的嗎？成人漫畫裡有很多內容都是「騙人」的喔。既然如此，那麼就讓我們在這個項目中得到正確答案吧。

3 深入了解！女孩的那個祕密

知道正確答案的你已經不會再重蹈覆轍了。就讓我們在這個項目裡好好了解女孩子，為了即將面對的「本番」做好萬全準備。

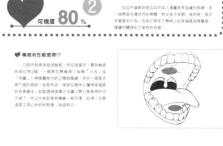

第1章

前戲篇

在進入激情戰之前，最重要的暖身操就是「前戲」。通常成人漫畫都會出現前戲場景，但其所描繪的內容是否真是如此呢？就讓我們來為大家揭曉前戲的真相吧！

就算粗魯揉捏，照樣舒爽翻天！

又大又軟的乳房用力捏到變形的話，那個女孩子也會狂喜又興奮。因為歐派就是為了讓人家捏而存在的呀！好，就讓我用這雙練過五爪功的手，揉爆這對奶子吧！

常見度	★★★★
香艷度	★★★★★
柔軟度	★★★★★★★★

可信度 **10**％

粗魯揉捏，只會讓人痛到往生！

在成人漫畫的世界，總是會看到乳房被人粗魯地揉捏。這麼做的原因，應該是覺得只要發洩慾望，或是把乳房捏到變形，淫蕩的感覺就會愈強烈。不過，絕大多數的女孩乳房讓人這麼用力揉捏，疼痛的感覺只會蓋過一切。

♥ 嬌嫩無比的乳房

以男孩子的立場來看，通常會覺得既然乳房這麼柔軟，稍微粗魯捏一下也不會怎麼樣。不過，乳房擺明就是身體的一部分，用力揉捏當然會痛，而且有些女孩子的乳房會因為生理期而變得腫脹，變得更加敏感，這點要特別留意。所以當我們在面對這賞心悅目、觸感柔軟的乳房時，一定要秉持最大敬意，溫柔以對喔。

♥ 乳房讓人捏會舒服嗎？

乳房主要由脂肪所構成，通過此處的神經比身體的其他部位少，因此揉捏時直接感受到的快感也會比較低。應該說，當我們在揉捏乳房時，女孩子之所以會興奮，通常是因為她們已經記住這是在「乳房讓人揉捏」以及「對方渴求」的情況下所應有的反應。這個部位的性敏感帶雖然不多，但實際上依舊存在，只要妥善開發，就會更加敏感。

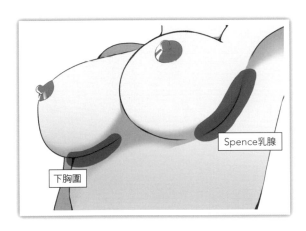

Spence乳腺

下胸圍

♥ 乳房的性敏感帶在這裡！

乳房最具代表性的性敏感帶就是乳頭、Spence乳腺與下胸圍。關於乳頭，將留在第25頁解說，先來談談Spence乳腺。這是位在腋下及乳房邊界的腺體，別名「乳房G點」，剛開始刺激的時候或許會覺得搔癢，但是只要認真開發，得到的快感可是會猛烈到爆表。下胸圍這個部位有許多神經通過，雖然容易得到快感，不過興奮程度似乎會因人而異。

♥ 儘量輕撫而過……如何觸摸乳房

撫摸女孩子的乳房時，最好的方法就是彷彿觸摸羽毛般輕撫而過。刺激時儘量用指尖或指甲似有若無地慢慢逼近，這樣乳房的感覺就會變得更加敏銳。另外，女孩子在精神上若是感到焦慮，興奮渴望的心情就會愈來愈強烈。一旦點燃了慾火，刺激乳房的力道就可以愈來愈強烈（不用說，當然要以不會弄疼對方為限）。除了手，用嘴唇或小弟弟輕撫效果也不錯。

性致來潮，乳頭就翹！

深情熱吻、輕揉乳房之後，原本還相當含蓄的乳頭就會開始展露頭角，硬挺直立！這絕對是興奮的證據。給我三分鐘，我讓妳嗨到爽翻天！

常見度	★★★★
香豔度	★★★
自己也硬梆梆度	★★★★★★

可信度 90 %

乳頭會因為興奮及刺激而變大是真的

成人漫畫經常出現女孩子的乳頭因為興奮而硬挺或變大的畫面。在現實生活當中，這種情況幾乎是所言不虛。不過成人漫畫有時會出現「特大乳頭」，這通常都是誇張表現。

💜 變化幅度不如男性生殖器

雖說乳頭會因為興奮或刺激而變大，但是變化的幅度並不會像男性生殖器勃起那樣，大小相差將近一倍，頂多比平常大個0.5～1cm、稍微硬些罷了。順帶一提，女孩只要一興奮，別說是乳頭，整個乳房都會膨脹起來，只是變化不會大到肉眼可見就是了。所以千萬不要因為女孩的乳頭沒有變得和性癖類成人漫畫的乳頭一樣巨大，就誤以為對方「沒有感覺」喔！

💜 乳頭勃起是興奮的反應？

如上所述，乳頭會因為性興奮而變大。但是除此之外，還有其他要因。有時是因為天氣寒冷，或洗澡時冷熱溫差過大而勃起，有時則是因為衣服摩擦刺激而凸起。並不是說「乳房凸起＝性致來了」，所以大家要注意，千萬不要隨便就把這種情況誤解成「愛愛OK信號」喔。

💜 乳頭是怎麼勃起的？

或許是「勃起」這個現象的關係，人們總是把乳頭的情況與男性生殖器的勃起現象相提並論，其實兩者的勃起原理略有不同。男性的生殖器是因為海綿體充血而變大，而乳頭則是因為根部肌肉收縮擠壓而凸起。順帶一提，乳頭因為衣服摩擦等外在刺激而變得硬挺是一種單純的肌肉反射現象，通常短時間內就能平息。

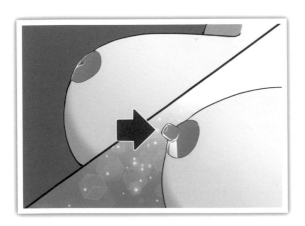

💜 凹陷乳頭勃起的話會如何？

平常埋沒在乳房裡的凹陷乳頭只要興奮起來或者受到刺激，也是有機會撥雲見日的。但或許是可以看到平常不為所見的東西，也就是非日常情色場景的關係，成人漫畫經常出現凹陷乳頭勃起的畫面，但這並不代表所有的凹陷乳頭都能突出乳房表面，若是硬拉，或者將手指戳進凹洞裡，都會有可能讓乳頭受傷，要特別小心。

愛液泛濫成災，大腿一片濕答答

源源不絕的愛液整個漫溢而出，多到讓大腿內側來不及乾。要是無法立即採取措施，回應這個無聲的訊息，那你還算是個男人嗎！

常見度	★★★★
香艷度	★★★
愛液潰堤度	★★★★★

可信度 10%

基本上頂多內褲濕透

愛液的構造與汗水相近，並不會像尿液那樣大量分泌。而成人漫畫之所以會經常出現愛液淋漓、氾濫成災的畫面，應該是一種強調色情的表達方式。

♥ 愛液的量呢？

愛液的分泌量因人而異，有的人多，也有的人少。但就算是同一個人，分泌的愛液量也會因為身體狀況、環境以及精神狀態而改變。但就如同之前所述，愛液的量多到讓大腿整個濕成一片其實是幻想的畫面，就現實來講，頂多讓內褲濕透罷了。所以當我們在現實生活中與女孩子愛愛時，千萬不要誤以為「沒有濕到滴下來，那就是沒有感覺」喔！

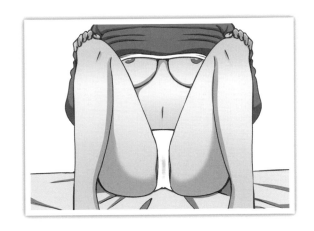

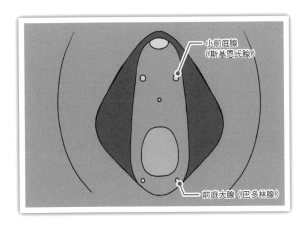

小前庭腺（斯基恩氏腺）

前庭大腺（巴多林腺）

♥ 什麼是愛液？

愛液是陰道壁分泌的液體、前庭大腺分泌的前庭大腺液、小前庭腺分泌的小前庭腺液，以及子宮頸分泌的子宮頸黏液混合而成的體液總稱。這種液體平常就會分泌，以整頓陰道內部的環境。而當我們在進行性行為時，為發揮潤滑液的功效，分泌量還會增加。此外還能中和陰道內部的酸鹼性，好讓屬於鹼性的精子能夠順利抵達子宮。

♥ 明明有反應，卻未必會分泌愛液

愛液的分泌量雖然會因為性刺激及性快感而變多，但有時卻會受到寒冷、壓力及精神不安等影響而變少。有的女孩子會在意自己的愛液量是不是不夠，所以千萬不要在本人面前說出「好像不夠濕，妳不會覺得不舒服嗎？」這種不夠貼心的話。只要精神放鬆，女孩的小妹妹就會變得非常容易濕潤。若有困難，那就使用潤滑液吧。

♥ 就算不想愛愛，小妹妹也會濕嗎？

「明明粗魯以對，但是對方的小妹妹卻濕淋淋地，而且還有反應」之類的場景經常出現在成人漫畫中。就現實來講，聽說女孩子確實會如此，但是下體在這種情況之下變得濕潤的原因是為了保護身體，跟本人的意志毫無關聯。雖說愛液淋漓一片，但其因未必是性興奮，所以當然嚴禁霸王硬上弓。就讓我們按照正規程序，讓對方浸淫在滋潤的性福之中吧。

愈是激烈愛撫私處，銷魂蝕骨愈是強烈

在激烈的愛撫之下，女孩的私處愛液淋漓，柳腰顫動。老子絕妙靈活的手技讓女孩子欣喜若狂，嬌喊著還要還要！老子就衝著這句話多加磨練，讓這金手指狂抽猛送的速度媲美超音速吧！

常見度	★★★
香豔度	★★★★
腰力不支度	★★★★★

可信度 **5**%

激烈程度與舒爽程度其實不成比例！

手指在陰道內部的抽插速度愈是激烈，女孩子感覺愈舒爽是常有場面。但是對女孩子來講，這種舉動只是徒增負擔。或許有女孩子喜歡激烈一點的愛撫，但是這種人並不多見，基本上來說，大多數的女孩子其實討厭這樣。

♥ 激烈愛撫的危險性

自以為是的激烈愛撫不僅讓對方不舒服，有時還會傷害到對方的身體，因為陰道內部有一層非常嬌嫩的黏膜，若是摩擦過於激烈，極有可能會導致出血！不僅如此，傷口要是感染到細菌，還會引起發炎甚至感染其他疾病。所謂愛撫，就是要疼愛輕撫。所以當我們在愛撫的時候，不要只有激烈動作，要盡量給予對方溫柔感受。

♥ 手指不可貿然插入

手指伸進陰道內部這件事本身沒有問題，但是必須等到對方做好準備才行，絕對不可貿然插入。剛開始我們可以先隔著一層內褲，輕撫女性生殖器外圍，等到愛液（見第13頁的解說）分泌足夠了，再將手指伸進陰道內。另外，伸入時手指若是太乾，有時刺激反而會過於強烈，此時不妨用唾液讓手指保持濕潤，這也算是呵護女孩子的一種方法，甚至請對方幫忙把手指舔濕也不錯。

♥ 觸摸的並非只有陰道內部 還有感覺舒爽的地方

除了陰道內部，有些性敏感帶則是露於外部，例如小陰唇、陰道口及陰蒂。不過這些嬌嫩部位和陰道一樣敏感，絕對不可粗魯以對。乳房也是一樣，剛開始刺激的時候要像觸摸羽毛般溫柔輕撫。除了用手，親吻及舔舐也能加強快感，有效賦予滋潤。當然，像咬這種過度刺激是萬不可行的舉動喔！

♥ 在弄疼對方之前的問題!? 愛撫前的禮節

別說女性生殖器了，當我們在撫摸女孩子身體的時候，最重要的一件事就是要善解人意，注意清潔。指甲若是太長或者是太尖，就會藏汙納垢或不慎刮傷對方，故要事先剪短。另外，手腳和身體當然也要洗乾淨。對方若是較為敏感的女孩子，有時潤滑液也可派上用場。或許有人會覺得好像有點麻煩，但有時我們也可以視情況，先在手指上套層指險套再愛撫子宮內部。

愛撫之前要做的事

- ♥ 指甲稍微剪短一點
- ♥ 把手洗乾淨，不留任何髒汙
- ♥ 先用體溫暖手
- ♥ 準備潤滑液
- ♥ 準備指險套

深情一吻，飄然欲仙

明明就還沒有摸到乳房與私處，就只是接吻，情慾就啟動了。意亂情迷的眼神，紊亂緊湊的呼吸，底下的嫩穴更是潺潺愛液流不停呢！

常見度	★★★
香豔度	★★★★
之後的期望度	★★★★★

可信度 **80**%

舒適愉悅的關鍵在於吻！

姑且不論親吻是否如同成人漫畫經常描繪的那樣，是一個開啟淫蕩世界的開關，對女孩子來說，接吻是一個非常重要的行為。因為它帶來了精神上的幸福感與興奮感，還讓肉體得到了愉悅的快感。

♥ 嘴裡有性敏感帶!?

口腔內側原本就很敏感。而在這當中，最為敏感的部位有2個，一個是在懸雍垂（俗稱「小舌」或「吊鐘」）稍微靠前方的上顎粗糙處，另外一個是舌頭下面的根部。如前所述，接吻在精神上獲得幸福感的效果極佳，若能透過這種方法讓人開心那是再好也不過了。所以大家若是有機會一親芳澤，記得一定要溫柔又用心地好好刺激，挑逗對方。

♥ 對女性來說，深情之吻意義非凡

對女孩子來說，吻在她們心中的地位比男孩子所想的還要重要。有些女孩子甚至喜歡接吻勝於做愛。男孩子往往會不知不覺地以刺激下半身為優先，因而動不動就忽略接吻。但是我們必須要了解到女孩子的感受，即使是一個吻，也要認真以對。雖說接吻是促進感情的不二法門，但是最重要的，依舊是傳達愛意的一顆心。

♥ 鳥啄之吻也能讓人飄然欲仙嗎？

雙舌緊密交纏，互相交換唾液的「深吻」在成人漫畫中是基本場景。那麼對女孩子來說，深吻以外的親密舉動是不是就沒有任何價值了呢？其實不然。即使是雙舌沒有交纏，只有柔唇輕碰的鳥啄之吻，也能讓大腦分泌大量的荷爾蒙。這些名為腦內啡（內啡肽）或催產素的物質都能讓人產生幸福洋溢的感覺。

♥ 讓人感覺舒適愉悅的雙唇祕密！

之前提到，我們在接吻時大腦會分泌荷爾蒙，但是肉體直接得到的快感也不容小覷。嘴唇這部位有許多三叉神經經過，三叉神經是腦神經中最大的神經核團。據說分布在嘴唇這個部位的神經比性器官還要密集，是一個相當出色的性敏感帶。所以我們要善用親吻，讓女孩子的身心酥軟融化吧！除了接吻，用手指輕觸嘴唇的挑逗效果也不錯喔。

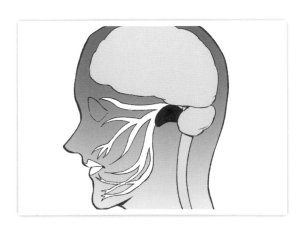

只要吹簫，愛潮就會泛濫

瘋狂吸吮我的小弟弟的她一臉陶醉，真的是讓人看得心癢癢的。明明就還沒碰她一根手指，怎麼地上已經愛潮泛濫了呢……！

常見度	★★★★
香豔度	★★★★
後方的洞也想讓她添渴望度	★★★★★

明明就只有吹而已怎麼會興奮起來呢♥

可信度 **50**%

感受快感時精神上的比重會較大

女孩子在吹簫時之所以會有感覺，通常都是因為她們在精神上對於這個行為本身非常興奮。當然，這與口中的性敏感帶受到刺激也有關聯。然而有些女孩子不喜歡口交，所以並不是每個人都會因此興奮，這點要多加留意。

♥ 因為看到男性融化升天的模樣才跟著興奮？

有時女孩子會因為看到男孩子有反應而跟著興奮起來。這並非只是單純「覺得對方很可愛」，大腦裡掌管喜怒哀樂的「A10神經」若是受到刺激，就會分泌多巴胺與雌激素這些屬於快感物質的女性荷爾蒙。在這種情況之下，心情自然愉悅。

♥ 小弟弟要常保清潔

男孩子在請對方口交時，應該要注意自己的那話兒乾不乾淨。雖然又髒又臭的小GG可讓某些女孩子興奮，但這畢竟是少數派。所以男孩子在面對認真為小弟弟奉獻的女孩子時，也要付出對等的誠意才行。

即便深喉，也會性奮！

我跟你說，女孩子啊連喉嚨深處都會有性反應，不覺得很棒嗎？因為不管是什麼樣的慾望，她都會有求必應喔♪好啦，大家別客氣，奮力地把小弟弟推向深處吧。

常見度	★★★
香豔度	★★★★★
愛的深度	★★★

好舒服喔♥

喉嚨深處……

可信度
5％

讓人想要嘔吐、極度危險的行為

成人漫畫裡頭動不動就會出現的這個行為其實非常危險。因為這樣的舉動會引起嘔吐反射，而誘發嘔吐的當下，還有可能讓對方陷入窒息的危險之中。根本就是讓女孩子的性命暴露在危險之中，萬萬不可行。

♥ 喉嚨深處沒有性敏感帶！

在前面已經提到將男性生殖器塞進喉嚨深處可能會招致的危險性。但若沒有任何風險的話，這個舉動是否會讓人感到舒適呢？其實喉嚨深處並不像乳頭或陰蒂那樣有性敏感帶，就算用男性生殖器刺激，在物理上恐怕難以讓女性得到快感。就算有感覺，也不過是精神上對於「勉強為之的行為」感到興奮罷了，然而這樣的女孩子並不多見。

♥ 蠻橫霸道的壓頭口交！勉強為之的話恐會讓人窒息……

男性在將生殖器塞進女性嘴裡時，奮力扭腰擺臀，並且前後推動對方頭部，以便從中得到快感的行為稱為壓頭口交（強迫口交）。這是一種毫不憐香惜玉，只是把對方的身體當作性愛工具來使用的行為，因此經常出現在凌辱類的成人漫畫中。然而就現實面而言，這是非常危險的舉動，不管是精神上還是身體上，都有可能讓對方遭受到極大的傷害。這充其量不過是虛幻的表現，所以我們就將其留在成人漫畫裡欣賞就好。

只要滿臉淋上玉液，就能贏得佳人芳心

每逢顏射，女孩子就會因為「好像被你的氣味擁在懷裡」而雀躍不已。身為男人的我是不太懂這種心情，但是女孩子好像對於精液射在臉上這件事愛得不得了！

常見度	★★★
香豔度	★★★
滿臉淡度	★★★★

嗯～♥
你射好多喔～♥

可信度
15%

除了讓女孩子討厭還會帶來其他危險……

能夠滿足男孩子征服慾望的顏射在成人漫畫及AV片中是一種非常經典的行為。為了充分表現出情色氣氛，畫面中的女孩子往往是性福洋溢，然而在現實生活當中，幾乎沒有女孩子會喜歡滿臉都是白色果醬。

♥ 精液跑進眼睛會導致各種危險！

其實只要把情況換成點眼藥水，應該就不難想像人的眼睛具有容易吸收物質這個特性。要是今天是罹患性病的男性不小心將精液射進眼睛裡，那麼極有可能會讓對方透過眼睛而染上性病。就算不至於因此染上性病，也有可能害人得到結膜炎之類的眼疾。

♥ 後續處理很麻煩

頭髮要是沾上精液，清理起來會很麻煩。只要是男孩子應該都知道精液碰到熱水會凝結成塊，根本很難把頭髮洗乾淨。另外，顏射的時候要是身上穿著衣服，反而會把衣服弄髒。自愛自重是最重要的基本原則，就算要顏射，也要先與對方說好再做。

寬衣解帶，一氣呵成

盡享前戲這段美好時光之後，萬事似乎已經準備就緒，只剩衣服尚未褪去⋯⋯。但是一件一件來又太慢，乾脆外衣內衣一次脫光光！

常見度	★★★★
香豔度	★★★
迫近生嫩歐派的速度	★★★★★★

可信度
5%

胸罩貼身，難度頗高

胸罩通常來說都會緊緊地罩住胸部，以保護乳房，塑整胸型。尤其是下胸圍這個部分是用一條托帶將乳房往上撐，因此要像左圖那樣將全身的衣服由下整個往上拉起應該是不可能的任務。

♥ 脫胸罩時大家都很溫柔的

胸罩要像衣服那樣一拉就脫根本就是天方夜譚。那麼在實戰的過程當中，到底要怎麼把它脫下呢？接吻的時候要是能夠單手迅速解開的話⋯⋯你不覺得這樣的動作俐落又帥氣嗎？無奈的是，胸罩通常都會用金屬扣牢牢扣住，除非是脫功熟練的人，否則難以施展如此絕招，要是笨手笨腳，只會功敗垂成。與其如此，不如乖乖地請女孩子解下，或者請對方轉過頭，溫柔地為她解開扣子。總而言之，逞強行事只會飽嚐敗果！

成人漫畫
二三事

巨乳女孩皆是乳交專家！

想用那對豐滿雙峰享受歡愉，莫過於乳交。但就怕話一說出口，對方就會因此退卻。猶豫之際，沒想到她竟然把我的那話兒塞進深邃的乳溝之中！難道乳交是波霸奶妹的基本性愛教養!?

常見度	★★★★★
香豔度	★★★
乳壓強度	★★★★★★★★★★

可信度 **10** %

乳房小巷之旅，意外坎坷……

成人漫畫描繪了不少乳交技術出神入化的女孩子，因此往往讓人以為這是非常簡單的性愛技巧，其實不然。因為除了天分，這個性技還需要多加練習，累積經驗，否則這趟乳房小巷之旅會難以在心中留下性福回憶的。

💙 並非所有女性都知道乳交

其實不僅是乳交，男女對於性事所擁有的知識未必一致。對於從成人漫畫及AV片中吸收性知識的男孩子來說，即使是一般的性行為，在不少女性的腦子裡依舊是未知的存在。倘若你的女性伴侶不知道什麼是乳交，那就熱心教導，與她體驗一下何謂乳房小巷之旅吧。切記，絕對不可霸王硬上弓喔！

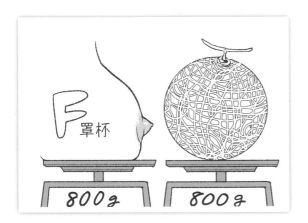

💙 乳房小巷之旅意外操勞

倘若對方是F罩杯，那麼光是單邊的乳房就將近800g，重量等同一顆小哈密瓜。而當我們在乳交時，還必須積極推動這兩邊加起來超過1.5公斤的木蘭飛彈。最正統的乳交姿勢，就是男孩子將腰部的重量整個靠在女孩子的膝蓋上。這對男孩子來講是一個如夢如幻的性愛遊戲，但對女孩子而言，負擔其實相當沉重。

💙 夾柱之禮能讓女孩子飄飄升空嗎？

女孩子透過乳交所得到的快感其實就和口交一樣，絕大多數都是精神上的滿足。她們是看了男孩子銷魂陶醉的模樣才興奮的。成人漫畫中偶爾會出現女孩子「因為乳交興奮而達到高潮～！」的場景，但我們不得不告訴大家：這其實是虛構的。話雖如此，但也不代表乳房在觸碰男性生殖器時，不會有任何快感可言。

💙 男性會爽嗎？

男孩子對於乳交的感想千差萬別。有人說「爽得不得了」，也有人說「看在眼裡固然亢奮，但是觸感反而不如想像……」。不用說，這一定與女孩子的乳技有關。另外，乳交往往會讓人以為那話兒會包圍在溫暖的歐派之中，然而乳房主要是由脂肪所構成，所以有人說感覺其實會比想像的還要涼一些……。

光是揉捏乳尖，就能讓人魂斷慾海！

成人漫畫
二三事

反覆搓揉可愛的乳尖，結果女孩子竟然周身暖流。沒想到光靠乳頭就可以讓她們高潮絕頂！這下可要好好逗弄一番了！

常見度	★★★★
香艷度	★★★★
淫蕩度	★★★★★★★★

可信度 20 %

鮮少有人因乳頭而高潮

乳頭確實是一個非常敏感的器官，但是靠此達到高潮的人並不多。不用說，成人漫畫之所以經常描繪出這種場景，莫過於是因為畫面「夠色情」。所以大家可別為了讓女孩子達到高潮而過度搓揉乳頭喔。

♥ 乳頭不如陰蒂敏感

乳頭是一個出色的性敏感帶，但卻無法帶來可媲美女性生殖器的性快感。這與其說是直接快感，不如說是乳頭在讓人觸摸的情況之下所引起的亢奮。愛撫乳頭是一個不可忽略的過程，但若是過於執著，反而會因為摩擦而生疼。因此刺激乳頭這件事不妨當作是前戲的一部分，或者在挑逗其他部位時搭配並用。

♥ 經過開發，可提高敏感度

乳頭雖然不易得到快感，但是只要經過開發，就會變得更加敏感。只要經過長久刺激，就可讓這個部位的神經變得發達，進而承受更多刺激。不過當我們在開發乳頭時，可別一下子就施展五爪功，要先隔衣輕觸，刺激乳頭周圍，慢慢點燃慾火。等到乳頭變得敏感之後再來揉捏，這樣效果比較好。另外，乳頭與陰道不同，並不會分泌出保護這個部位的分泌物，故要搭配使用潤滑液。

♥ 乳頭愈大就愈容易達到高潮？

乳頭的大小與高潮其實沒有什麼關聯。愈大就愈好刺激是不可否認的事，但這也意味著這個部分的皮膚會比較厚，對於刺激說不定會比較不敏感。所以大家不要再將乳頭大與容易有反應這兩件事劃上等號。另外，有些女孩子會在意乳頭大小，有的人甚至會因此不喜歡讓人觸摸這個部位，就請大家多加體恤，包容她們的自卑情結吧。

♥ 搓過頭會變黑？

乳頭若是過度搓揉而破皮，就會分泌黑色素。如此一來，顏色就會因為色素沉澱而暗沉。這與皮膚出現黑斑的原因是一樣的，但是變黑的程度與每日曝曬在紫外線底下的肌膚黑斑不一樣，鮮少會讓人一看就發現變黑。有些乳頭顏色之所以較深，大多是因為色素原本就多。不過有些女孩子會非常在意這點，所以大家千萬不要誤會，認為乳頭黑＝揉捏過度＝淫蕩。

騷弄耳鬢的言語挑逗，挑動女孩的情慾淫心

當手指在恥部上下游移的同時，只要在女孩耳邊輕聲地問：「妳自己說，妳想要我怎麼做？」的話，就足以讓小妹妹濕淋一片。女孩子都難以抗拒淫語挑逗的啦！

常見度	★★★★
香艷度	★★★
想再多挑逗一番的程度	★★★★★

可信度 90 %

女孩子偏愛精神上的快感

比起肉體上的刺激更讓女孩子渴望的，莫過於精神上的快感及滿足感。在這種情況之下，言語挑逗這個手段能有效滿足女孩子的心理需求。所以在施展激烈的性愛技巧之前，不妨先想想要如何滿足女孩子的心靈需求吧。

♥「引入遐想」比開門見山更能擄獲女人心

讓女孩子情慾蕩漾的主要因素莫過於「想像」與「共鳴」。同樣都是看AV片，男孩子會因為性行為及裸體畫面而興奮，女孩子則是會想像女優的心情，或者是因為共鳴而亢奮。若想利用語言讓女孩子酥麻銷魂，不妨說些能讓對方想像接下來的進展以及聽了會心花怒放的話語，例如「妳想要我怎麼做呢？」、「妳現在覺得怎麼樣？」來挑逗她的慾望吧。

♥ 禁止辱罵

提到言語挑逗或言語責備，往往會讓人誤以為是要「把對方罵得狗血淋頭」，其實因為被罵而招致的不悅及緊張情緒反而會讓女孩對性望而怯步。要是不慎觸碰女孩子的自卑心，兩人的關係極有可能因此破裂。與其如此，不如在性事上稍微折磨一下對方，故意惡作劇地警告她「還不可以達到高潮喔」，或者是煽動她的羞恥心，要她「說說現在感覺怎麼樣？」這樣說不定效果會更好喔。

♥ 言語挑逗是一種愛的溝通

言語挑逗最大的目的，就是讓女孩子對性事更滿意。所以男孩子若老是說些自以為是的字眼，這場性事恐怕會讓女孩子在性滿意不足的情況中劃下句點。若能察覺到對方渴望的東西，再加上讓人聽了歡天喜地的甜言蜜語，兩人的性致淫意一定會更堅定。這就是真正讓女孩子性滿意足的必要條件。即便是在愛愛的過程當中也要好好溝通，了解對方想要什麼喔。

♥「稱讚對方」也很重要

只是使壞稱不上是言語挑逗。有時對女孩子讚揚有加，例如「妳把我搞得好爽喔」、「跟妳愛愛真的很棒」，也就是說些淫蕩的話，也算是一種挑逗。想讓對方覺得與你做愛很舒服，最重要的一點，就是要讓對方感覺輕鬆，毫無壓力。畢竟女孩子也會在意你舒不舒服，因此讓對方放鬆心情沉浸在情慾裡是一件非常重要的事。就算是平常難以啟齒的讚美話語，只要心情坦蕩，就一定說得出口的。

說給對方聽聽吧

♥ 妳好可愛

♥ 妳把我搞得好爽喔

♥ 妳可以再騷一點喔

♥ 妳讓我也跟著熱了起來

……等等

成人漫畫二三事

準備就緒的女孩香穴大開，「寶貝來嘛～」

使出渾身解術上下愛撫，讓女孩子血脈賁張！萬事已經就緒，就等郎君入室……小妹妹彷彿這麼說地撥開香穴前的黑色草叢。女孩子的鮮嫩肉體，是絕對不會讓男孩子找不到洞的。

常見度	★★★★
香豔度	★★★★★
香穴易見度	★★★★★★★★

實際情況稍有不同，但確實會張開

女性的生殖器雖然不會像漫畫那樣，以張開陰道口的方式告訴對方插入的最佳時間，但受到性刺激之後若是有所反應，生殖器確實會張開一部分。只是有些女性的生殖器受到形狀影響，有時看不出其實已經門戶大開了。

♥ 為什麼會張開？

為了避免陰道及尿道受到細菌感染，女性生殖器內側的褶皺「小陰唇」通常會緊閉不開，但在性興奮的情況之下，卻會因為充血膨脹而向外舒展。如前所述，有些女性會因為形狀關係而不易從外表看出陰道口的張開程度。但是看不出來並不代表女性還沒進入興奮狀態，故在這種情況之下，不妨用手輕輕撥開小陰唇，再將小弟弟插進去吧。

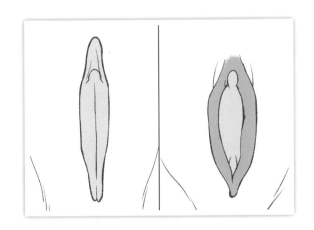

♥ 內側肌肉變軟是準備就緒的信號？

只要細心愛撫，女性的生殖器就會慢慢地變得柔軟。這是女孩子心情不再緊張，肌肉不再緊繃的訊號。女性生殖器只要有潤滑液，小弟弟想要插入就不是問題；但是陰道內部的肌肉若是僵硬，插入時反而會因為摩擦而感到疼痛，導致插入不順。因此只要陰道放輕鬆，小弟弟就能一桿進洞，進行活塞運動時會更順利，同時女孩子也應該比較不會感到疼痛。

♥ 陰蒂肥大也是信號之一

微微突出女性生殖器的陰蒂與那話兒一樣，會因為性興奮而充血膨脹（勃起）。不過，這個部位平常就非常地不起眼，難以從外觀來判斷；但是只要一摸，就會發現陰蒂其實已經變得硬挺。勃起雖然是興奮的信號，然而這是一個聚集許多神經的敏感部位，可別為了讓它勃起而粗魯以對喔。

♥ 即便看似門戶已開……

小陰唇看起來好像已微微張開，但這並不代表小弟弟可以立刻鑽頭進去。如前所述，陰唇張開不過是因為興奮而引起的一種反應。陰道內部夠濕潤嗎？女孩子會不會緊張呢？若是忽略了這些細節，最後恐會招致悲劇。不管我們對於人體構造有多了解，內心想法是無法從外部推測。既然如此，不如先好好確認女孩子的想法再進入下一個階段。

善用成人玩具，觸動全身情慾

「天哪，怎麼這麼會動？我還是第一次遇到……！」既然眼前的她感受到的歡愉如此新鮮，好！那我就趁勝追擊，再加一個喔……不過她好像已經嗨到渾然忘我了耶！

常見度	★★★★
香豔度	★★★★★
震動強度	★★★★★★★★★★★

可信度 **70** %

給予女孩未知的快感

　　重現人體動作，甚至超越於此的成人玩具是一種匯集了高超的技術以及累積的數據製成的產品，讓人舒爽愉悅的程度自然不在話下。但要注意的是，還是有人會對這種玩具感到恐懼，甚至排斥。

💜 引起心中想像的成人玩具

　　成人玩具顧名思義，也就是成人做愛時所使用的玩具，光是看或聽，就足以讓人聯想到一些淫蕩的性愛行為，進而牽動亢奮的情慾。不僅如此，只要一啟動開關，心裡頭就會忍不住想像「要是把它塞進去的話，不知道會得到什麼樣的快感」。特別是女性通常光是想像，整個人就會開始變得興奮無比，若要營造情色氣氛，成人玩具應該能派上用場。

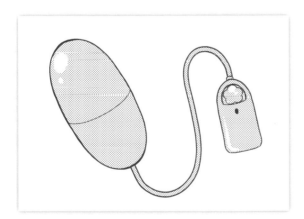

💜 有科學根據的舒爽感

　　集科學精華於一身的成人玩具問世至今已有數十午，每年都會在材料及技術上加以改良，堪稱基於人體工學的最新技術。既然如此，有了這樣的成人玩具，豈有不舒爽之理？然而快感並不是性交的唯一重點，這也是一種確認彼此愛意的行為，而成人玩具只不過是輔助罷了，唯有以彼此的肉體來做愛，才能算是正道。

💜 過度刺激有時反而招來疼痛

　　成人玩具給予的刺激通常都非常強烈，然而刺激強烈並不代表感覺舒適。雖說這是基於善意而使用的輔助工具，但刺激若是過於強烈，有時反而會把女孩子給弄疼。因此使用時要和愛撫一樣，先讓女孩子習慣刺激，之後再慢慢增加強度。另外，女孩子要是說不喜歡，就要立刻停手，並且決定一些遊戲規則，好讓兩人沉浸在歡愉之中。

專欄 | 日本成人漫畫各部位的
擬聲擬態詞

既然是成人漫畫，那就不能少了猥褻的擬聲擬態詞。所以接下來按照部位，為大家精選介紹幾個可以感受到濃情淫慾的相關詞彙。

嘴巴

與嘴巴有關的擬聲擬態詞個個都獨具特色，不盡相同，無論是「以唇親吻」、「以舌舔舐」、「以嘴啜飲」，還是「以喉吞嚥」，呈現的文字表現簡直豐富到讓人難以想像是出自同一個部位呢！

ちゅぽっ♡
トロ…♡

啾啵♡。嘴唇的嬌嫩與適當的情色搭配地恰到好處。

れろ♪

滑舔♡。雙唇交纏的深吻。吻得愈是濃烈，愈是激發無限想像。

じゅぽ じゅぽ
じゅぞっ

啾啵 啾啵。口交時常見的擬聲詞，腦海裡會忍不住浮現對方奮力吸吮的模樣。

咕嚕♡。用來描繪吞下精液的場景。但就現實而言有人會排斥這種行為，要注意！

啾啪啾啪啾啪 啾啪。口交時激烈到停不下來的擬聲詞。低級又猥褻的聲音讓人淫心蕩漾。

乳房

擬聲詞有時候也可用來表達物體本身，例如乳房的狀態。就讓我們來看看除了視覺，擬聲詞還能展現哪些性愛妙技吧。

噠啪♡。噠啪♡。難得耳聞的乳交聲。可以感受到壓倒性的肉體感。

だにゃぱ〜ん♪
だぱっ

喀啪♡。喀啪♡。難得耳聞的乳交聲。可以感受到壓倒性的肉體感。

ㄎㄨㄋㄧ♡。ㄎㄨㄋㄧ。這才是擬聲詞的精髓！光看文字就能讓人感受到乳房柔軟Q彈的模樣。

たぷ
たぷ

ぴゅ〜っ
ぴゅっ

吡呦♡。吡呦♡。母乳噴出的擬聲詞。彷彿從聲音就可以聽出乳汁噴出的力道及奶量。

ぷくっ♡

為止，輕碰乳頭的聲音。點到

むぎゅ〜♡

嗯咕♡。稍微用力夾著乳頭的樣子。比較接近捏擰而不是捏。嗯咕♡。用來形容乳頭變大的時候。類似的擬聲詞還有「膨咕？」

女性生殖器

ドロ…♡

人體沒有一個部位所使用的擬聲詞比女性生殖器還要豐富。將聽到的聲音化為文字，或者是直接表達感覺的詞彙種類多到不勝枚舉。

ぢゅぢゅぢゅ…
ぢゅぢゅっ

滑……溜♡。透過文字可以感受到小妹妹者不拒、甜蜜又沉穩的包容力。

ヌプン くぱ…♪

咕嘰♡。噗嘰♡。這也是活塞運動的聲音。發出的聲音比右邊的擬聲詞還要低沉厚實。

咕啪♡。成人漫畫最具代表性的擬聲詞莫過於「咕啪」！

パンパン

啪啪。活塞運動的擬聲詞。是最基本的形容詞。

噗颯啊啊啊……♡。形容尿失禁的擬聲詞。重點在於強力的尿勁。

とん
とん

咚、咚。撞擊子宮的聲音。是漫畫特有的表現手法。

第2章

本番篇

　　成人漫畫的精髓，莫過於濃烈狂野的性愛場景。作者使出渾身技術，鉅細靡遺地畫出男女交纏畫面的目的，就是企圖要讓我們血脈賁張。那麼成人漫畫中的性愛場景可信度又是如何呢!?

哎呀!?怎麼一直溜出來呢?

跟可愛的女孩子進行愛的初體驗。糟糕,完全不知該往哪裡插。這一看就知道自己還是童貞,怎麼繼續下去呢。不對,小弟弟應該知道該往哪裡鑽吧?但讓女孩子主導一下其實也不錯。

常見度	★★★★★
香艷度	★★
青澀度	★★★★★★★★★★★

可信度 80 %

意外難捕捉？
難以從漫畫看到的小鳥巢

在看成人漫畫時，原本以為自己已經掌握訣竅，然而臨陣上場時卻發現困難重重的，就是第一次要把老二插進洞的時候。女性生殖器並非只有陰道，還有其他器官，構造根本就複雜到無法一目了然。

❤ 陰道口不在正中央！

比較靠近中央這一帶的是尿道，而應該插入的陰道口其實在下方。成人漫畫之所以經常提到「再下面一點……」，原因就在於此。更何況陰道口為了避免細菌入侵，平常都會被小陰唇遮蔽，就連陰道基本上也是整個閉合，乍看之下往往會毫無頭緒。所以我們要先用手指觸摸，好好確認一下位置，可別將錯就錯，把小GG往尿道裡塞喔。

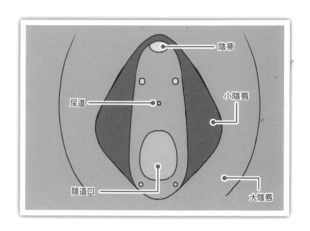

陰蒂

尿道

小陰唇

陰道口

大陰唇

❤ 陰道會朝臀部延伸

陰道會從入口朝臀部的方向傾斜延伸。在進行正常體位時，男性的生殖器通常都會往上翹，但是這個角度卻與陰道不合，反而不好插入。若是霸王硬上弓，只會給女孩子增加不必要的負擔。故在插入之前，一定要先好好確認方向，盡量順著陰道插入。只要採取兩者方向一致、陰道能整個包覆陰莖的體位，插入的時候說不定會更順利喔。

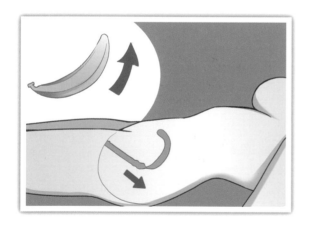

❤ 如何一桿進洞？

成人漫畫裡經常出現男性生殖器一舉插入陰道口的畫面。但就事實而言，那話兒是會一直晃個不停的，要在有段距離的地方直接插進陰道簡直比登天還難。最基本的方法，是要用手扶著男性的生殖器，使其不再晃動，這樣才能對準陰道口插入。而用另外一隻手確認陰道口位置也很重要。與其讓小弟弟孤軍奮戰，搖頭晃腦地摸黑前進，不如把那話兒整個扶穩再插入，這樣做起愛來才會得心應手。

雖是初經人事卻爽到升天

明明聽人家說初夜會很痛,但我怎麼覺得很舒服呢?難不成我是好色女……既然如此,就讓這酥爽的感覺將煩悶心情拋諸腦後算了!愈來愈好色又怎樣!

常見度	★★★
香豔度	★★★★★
好色素質度	★★★★★★★★

可信度 **20** %

讓對方感到舒爽的機率
雖然不至於是零……
初夜也不是無法讓人舒適銷魂。至於疼痛這件事,也是有女孩子第一次做愛的時候完全不會感到痛。雖然說可能性不是零,但實際情況還是因人而異。

❤ 為什麼人家都說初夜會痛?
導致疼痛的原因有很多種,例如:有人是因為處女膜破裂時,撕裂傷延伸到陰道內壁,有人是因為愛液分泌不足,導致陰道壁受到摩擦而脹痛,甚至有人是因為陰道還沒整個放鬆,就強行遭到拉扯,結果引發的撕裂傷等。另外,陰道內部的性敏感帶在做愛初期通常感覺都會比較遲鈍,不易得到性快感,或許這也是初夜疼痛格外明顯的緣故。

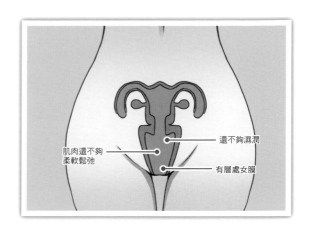

還不夠濕潤
肌肉還不夠柔軟鬆弛
有層處女膜

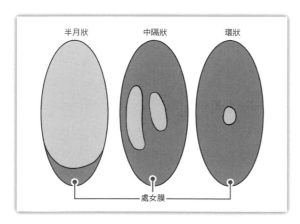

半月狀　中隔狀　環狀

處女膜

❤ 什麼是處女膜?
處女膜是從陰道口周圍褶皺延伸出來的一層薄膜,據說形狀以彎月形居多。一般而言,每個人的形狀都各有不同,但堵塞陰道的範圍若是較大,通常就會增加初體驗的難度。處女膜本身沒有血液流通,出血的原因往往是陰道壁的撕裂傷所造成的。另外,處女膜有時也會因為日常運動而破裂,所以我們是無法藉由有無處女膜來判斷對方是否有性經驗的。

❤ 如何讓對方銷魂舒適
讓對方樂在性海之中的最好方法,就是舒緩女孩子的緊張情緒,在刺激較容易得到快感的陰蒂之餘,也要一邊挑逗陰道,好讓對方習慣快感。對方若是尚無經驗,陰道肌肉就不容易放鬆。既然如此,剛開始不如先擱下插入這個目標,這次姑且先輕撫對方的陰蒂,下次插入一根手指到陰道裡,再下一次是兩根……只要循序漸進,就能有效讓對方的陰道肌肉舒緩,不再緊繃。

讓人銷魂舒適的方法
- ❤ 勤於愛撫
- ❤ 使用潤滑液
- ❤ 舒緩緊張情緒
- ❤ 讓下半身溫熱
- ❤ 不勉強插入
- ❤ 緩慢且溫柔地插入
……等等

才一插入,瞬間高潮

正當彼此的情慾亢奮到極點時,趕緊打鐵趁熱,順勢插入!剎那間,她的肉體被一股難以言喻的快感所吞噬,只是一插,全身彷彿電流通過。看在男人眼裡,就算為此精盡人亡又何妨?

常見度	★★★★
香艷度	★★★★★
敏感度	★★★★★

可信度 **20**%

並非不可能，只是同時情慾炸裂不易

對男孩子來說，兩人同時達到高潮是一個令人欣喜若狂的反應，只可惜這種情況非常罕見。遇到的機會雖然還不至於是零，但需要天時地利人和才有辦法，而且就算萬事俱全，這一炮也未必能讓兩人同時銷魂升天。

♥ 女孩高潮需要時間

女孩子與男孩子達到高潮的生理機制差異非常明顯。女孩子就算肉體受到強烈的性刺激，也未必會馬上達到高潮，因為想做愛的情緒也要跟著亢奮高漲才行。所以男孩子就算使出渾身解術，奮力挑逗，只要女孩子的性致未高漲，再怎麼辛苦挑逗也不會轉成性快感。因此，男孩子若不花點時間讓女孩子興奮的話，讓對方達到高潮的心願恐會成為奢望。

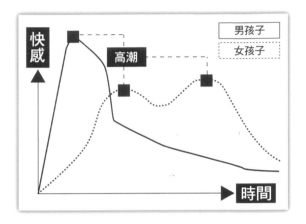

若要提高可能性……

♥ 前戲多用心，情慾就會持續騷動

在前戲上多花些時間讓對方的慾望宛如枯苗望雨，對於插入股股期盼，插入時刺激就會更加強烈，如此一來，說不定就能讓女性高潮迭起。

♥ 插入之前先讓對方激情四射

女性的高潮可以層層疊起，宛如滔滔海浪。即使已經達到高潮，欲仙欲死的感覺依舊綿延不絕，若能掌握這個大好時機，刺激G點，說不定就能讓對方再次陷入幾乎快要融化升天的無垠慾海之中。

♥ 身心情慾有可能推向極限，讓人對性渴望至極嗎？

只要在插入之前讓女性的亢奮到極點，並做好暖身，讓對方對性刺激反應更加敏銳，插入之後女性說不定就會立刻達到高潮。而另外一個重點，就是向女孩子坦承你想讓她感覺舒適，請對方做好準備，迎接高潮。畢竟女孩子若是心懷不安，有所顧慮，就會不易得到高潮。就讓我們多多透過擁抱與親吻，好好地將心中想法傳達出來吧。

♥ 男孩子高潮如海嘯，一插就射？

在達到高潮之前，女孩子的精神必須一直處於興奮狀態才行，但是男孩子卻只需要性刺激就能射精。所以就算只是插入，只要刺激夠強烈，男孩子就會達到高潮，這就是俗稱的早洩。對男孩子來說，秒射或許有失顏面，但也有可能正好符合女性需求。就讓我們積極以對，為下次做好準備，以便應戰吧！

蠕動的陰道，貪婪地吸取精液

不管是陰道還是子宮，都非常貪婪地從男根根部榨取精液，一滴也不留，簡直和聊齋中專門吸取男人精血的女鬼沒有兩樣。要是遇到這種女孩子，真想拜倒在她們的石榴裙下，精盡人亡。

常見度	★★★
香豔度	★★★★★
吸精度	★★★★★★

可信度 **50** %

**女孩子的意志
可以掌控陰道至某個程度！**

　　雖然無法和成人漫畫一樣做出複雜的動作，但在收縮或放鬆上還是可以控制到某個程度的。對某些女孩子來說，搞不好真的可以做出榨取的動作呢。

♥ 肛門用力，陰道也會跟著收縮？

　　陰道周圍有個肌肉群稱為骨盆底肌群，關係與陰道的緊實度密不可分。活動這塊肌肉的動作，一般形容就像是在用力收縮肛門。只要活動骨盆底肌群，讓陰道收縮，就能夠做出抽吸的動作。另外，據說這個肌肉群若能稍加鍛鍊，還能調整陰道的收縮位置，市面上甚至還出現了鍛鍊骨盆底肌的訓練器材呢。

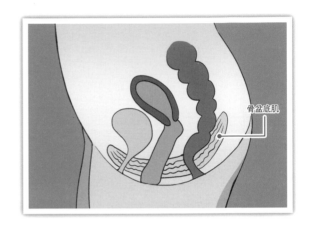

骨盆底肌

體位的種類

♥ 正常體位
　　男孩子將女孩子的臀部放在膝蓋上稍微抬起，這樣對方會比較容易施力。

♥ 騎乘體位
　　以女孩子為主導的代表體位。不過男孩子手要扶著女孩子的腰部，這樣對方才能保持平衡。

♥ 對面坐式體位
　　女孩子的腳要緊緊貼在地面上。另外，男孩子要溫柔地抱住女孩子的上半身，好讓她能集中精神在下半身。

♥ 體位不同，榨取精液的難易度也會跟著改變？

　　容易擠壓榨取精液的體位有正常體位、騎乘體位、對面坐式體位等等。重要的是，這樣的姿勢是否能讓女孩子的身體輕鬆施力呢？舉例來講，複雜的體位或者是身體懸空的火車便當式體位因為不好施力，抽吸精液其實不易。若是想讓女孩擠壓榨取，那就要採取以女孩子為主導的體位，或者是讓身體更加穩定的姿勢。

♥ 高潮時會不自覺地榨取!?

　　到目前為止，我們提到的是刻意榨取精液的方法，然而就實際來講，女孩子的身體在達到高潮時，陰道口會不斷地往上收縮，就像吸吮般的動作。這是一種與女孩子的意識毫無關係的現象。精液被帶到陰道深處後，陰道深處會開始膨脹，形成可以儲存精液的空間，這叫做「帳篷效應」，是一種讓人感受到生命奧祕的現象。

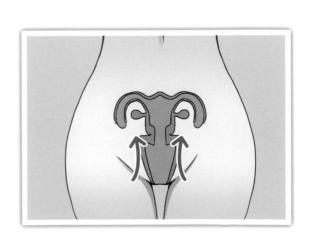

登場的女孩，全員皆名器

「這女孩是千條蚯蚓型，那個女孩是鯡魚子
天花板」只要是成人漫畫裡的女孩，基本上都是
名器。不管是多乖巧的女孩子，只要擁有這樣的
生殖器就格外淫蕩。這就是情色世界的真理。

常見度	★★★★
香豔度	★★★★★
難以抗拒度	★★★★★★★★

可信度 0.1%

遇到名器的機率只有千分之一！

幾乎沒有一個女孩子擁有人稱「名器」這種富有特色的陰道。不過也有人說，擁有這種陰道的女孩其實只有千分之一。若想親身體驗，那麼遇到的機率恐怕少之又少。

❤ 自古流傳的名器是什麼？

女性生殖器被稱為名器的原因琳瑯滿目，而最具代表性的有：內部觸感特殊、愛液分泌量多以及被包覆的感覺非常緊實等等。即使沒有明確稱呼，但是擁有這類特徵的女性生殖器通常都會稱為名器。雖然不清楚是誰帶頭這麼稱呼的，但是從江戶時代開始，人們就已經會用蚯蚓的觸感比喻陰道內部了。

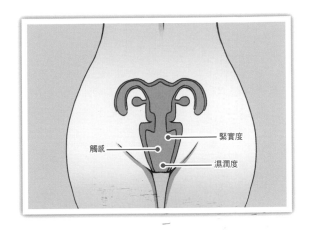

緊實度

觸感

濕潤度

名器的種類

❤ 香菱玉齒（鯡魚子天花板）
陰道的內部構造和鯡魚子一樣充滿了顆粒感，能刺激男性生殖器的前端。

❤ 層巒疊嶂（千條蚯蚓型）
陰道的內壁構造彷彿有千條蚯蚓在蠕動，整個纏繞包圍男性的生殖器。

❤ 收口荷包（田螺穴）
陰道入口和束口袋一樣緊實，但內部卻是非常柔軟的包覆感。

❤ 如意玉環（梯田型）
意指內部相當緊實的陰道，並依照緊實部位的數量分為二環、三環。

❤ 春水玉壺（春水穴、章魚壺型）
陰道內部相當柔軟，以狹窄的深處為特徵，蠕動的感覺彷彿吸吮。

❤ 與名器有關的都市傳說!?

聽說有個方法可以分辨女孩是否為名器，那就是觀察人中，也就是鼻子到嘴唇之間的那條直溝。據說人中的粗細與長短與陰道的構造息息相關，也有人說雙手柔潤的女孩子陰道也同樣濕潤柔軟，但這些都是疑點重重、缺乏可信度的都市傳說。所以大家可別一直盯著女孩子的人中恣意揣測喔。

❤ 就算不是名器，也不需垂頭喪氣

到目前為止我們解說了名器的特徵，但就算女孩子沒有這些特徵，大家也別就此對自己的性福人生感到失望，畢竟遇到的機率是千分之一，甚至還有人說這樣的名器根本就不存在。最重要的是要兩人相愛，並且付諸於行動。畢竟對方是從數千萬個男孩中選擇了你，我們不僅要感激，還要同心協力，讓彼此的感受更加舒適。

活塞運動激烈，高潮永不停歇

打從一開始就把活塞運動的油門踩到底，奮力地扭腰擺臀，讓女孩子淫聲蕩漾。只要像馬達那樣迅速激烈地抽送臀部就沒問題，就算毫無性技可言，靠這年輕新鮮的肉體也能彌補一切！

常見度	★★★
香豔度	★★★★
房間的震動度	★★★★★

可信度 **20** %

不要那麼激烈，反而比較舒服！

會這麼說的原因很多，但坦白來講，動作過於激烈其實弊大於利，毫無舒適感可言。更何況男孩子動作若是太猛，反而還會讓自己面臨腰部受傷的風險。為了兩人的安全著想，想要暴衝的慾望還是稍微克制一下比較好。

♥ 在爽之前，就已經飽嚐苦頭！

活塞運動太過激烈弊大於利，不僅會對身體造成負擔，疼痛感覺也會愈來愈強烈。就算真的想要一展雄威，狠狠地狂抽猛幹，時間也不要太長，動作上要有緩急之分。另外，抽這個動作反而比插還更容易讓女孩子得到快感，所以在抽插小弟弟時，也要多加留意這點。要是女孩子會痛，哪怕只有一點點，也要停止，問問對方是否無虞，這點也很重要。

活塞運動過於激烈的缺點

♥ 愛液會滲出來

♥ 陰道會疼痛

♥ 抽插的過程會讓體表破皮

……等等

♥ 活塞運動要緩慢確實

女孩子的陰道有個特色，那就是會配合插入物改變形狀。但活塞運動要是過於激烈，陰道就會來不及改變形狀，如此一來兩者的緊密程度就會不夠服貼。就算頂到讓對方感到舒適的地方，要是馬上抽離，這份快感就會難以持續。為了不讓活塞運動破壞這份緊密貼合的性福感，男孩子要一邊確認對方的舒爽點，一邊緩緩抽插，才能讓彼此陷入銷魂的情慾世界。

♥ 排除激烈生猛的緩慢性愛

不疾不徐地進行活塞運動的其中一例，就是緩慢性愛。基本上這是不以射精等高潮為目的，純粹為了滿足心靈、確認愛意而進行的做愛手法，所以未必會有激烈的活塞運動，有時甚至連插入也沒有。既然花了這麼一段時間確認彼此之間的愛，就算沒有高潮，也能性滿意足，舒爽銷魂、頭昏目眩的感覺更是無與倫比。

緩慢性愛的大致流程

♥ 1.以吻及擁抱，提高性致
不要撫摸女性的生殖器或胸部，以親吻及擁抱使對方興奮。光是這階段有時就要花上10～20分鐘。

♥ 2.花點時間，愛撫對方
花點時間溫柔地愛撫乳頭及陰蒂，同時還要親吻對方，將她擁入懷中。

♥ 3.插入之後不要立刻抽動
插入後不要馬上抽動，先維持插入的姿勢靜止10分鐘，讓陰道隨著男性生殖器的形狀服貼包覆。

成人漫畫二三事　那話兒愈大，女孩就愈爽

東西夠大，用起來就爽。也就是說，東西的好壞在於大小，太過寒酸是不行的。所以不管是什麼樣的女孩子，當然會渴望遇到一根令人欣喜若狂的大屌。我這樣的尺寸可以嗎？

常見度	★★★★
香豔度	★★★★
有點不安度	★★

可信度 **30**%

堅持巨砲至上主義的只有男孩子？

有人認為那話兒粗一點長一點會比較好，但基本上女孩子似乎不是很在意男性生殖器的大小。「我的雞雞這麼小，恐怕沒有辦法……」其實大家不需如此垂頭喪氣，將自己最真實的一面展現出來就好了！

♥ 最重要的是硬度？粗細？還是長短？

女孩子若是不在意小GG的尺寸，那重視的是什麼呢？其實女孩子在乎的通常是那話兒的功能。比起物理上的長短與粗細，性行為的時間長短反而比較重要，而且她們評價男性生殖器的角度也與男孩子不同。許多女孩子都覺得小弟弟的尺寸夠用就好，只要不是繡花針，她們通常都不會太在意。就物理上的功能來講，她們比較關心這根屌是否硬挺到能頂到令人舒適的敏感部位。

女孩子在乎的重點

♥ 持久度

♥ 恢復力

♥ 龜頭與冠狀溝的高低差

♥ 顏色

⋯⋯⋯等等

討厭巨根的理由

♥ 純粹因為痛

♥ 飽滿的壓迫感讓人痛苦

♥ 看起來很可怕

⋯⋯⋯等意見

♥ 太大反而惹人嫌？

有些女孩子討厭巨屌。理由因人而異，但是尺寸不符合對方陰道的小弟弟通常都會得不到女孩疼愛。雖說陰道多少都有點伸縮性，但硬是把大鵰塞進洞裡的話，得到的痛感恐怕會蓋過快感。雖然成人漫畫大肆讚揚巨根所帶來的壓迫感，但在現實生活當中，這樣的壓迫感反而會惹人厭，可見太大也會有問題的。

♥ 最重要的是一體感!!

之前提到女孩子在乎的男性生殖器要素，追根究底，其實就是「適不適合自己」。不管是大鵰還是小鳥，都有機會讓女孩子飄飄欲仙。插入時若是沒有感受到一體感，那麼不妨再多等一會兒，讓陰道有時間配合插入物調整形狀。因此兩人結合後先不要急著抽動，以愛撫及親吻度過這段等待的時間，如此一來，和女孩的一體感就會更加強烈。

「頂到深處好舒服！」

先讓陰蒂達到高潮，接著再插入以創造第二次高潮。這時候最常聽到女孩說「插入之後的高潮感覺完全不一樣」。坦白說，身為男孩子的我們雖然不懂有何差異，但頗有成就感倒是真的！

常見度	★★★★
雷臨度	★★★
遇見未知度	★★★★★

可信度 **90** %

女孩子的高潮有好幾種!?

男孩子想要得到高潮，基本上只有射精這個選項。但是女孩子卻有多處的性敏感帶可以達到高潮，例如陰蒂或陰道。其實部位不同，感覺也會不一樣，而感受到的快感當然也會有深有淺。

♥ 女性生殖器的性敏感帶

陰道本身不是性敏感帶，不過內側卻有好幾個部位是屬於性敏感帶，最有名的就是G點與子宮頸。據說G點位在距離陰道口3～5公分的地方，一般來講，觸摸時會感覺稍微有點粗糙。至於子宮頸則是位在子宮口的性敏感帶，雖然是不易刺激的部位，但卻能得到其他性敏感帶無法比擬的快感。

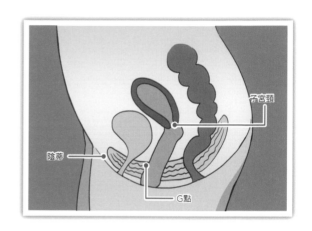

♥ 陰蒂高潮與陰道高潮

主要透過陰蒂與G點得到的高潮稱為「陰蒂高潮」，而透過子宮頸得到的高潮稱為「陰道高潮」。陰蒂高潮的情況有點類似射精，得到的快感彷彿襲擊而來的海浪，強烈而短暫。相形之下，陰道高潮所得到的快感就好比一圈又一圈的漣漪，餘韻猶存。一般來說，前者算是比較容易達到的高潮，然而後者恐怕無論是誰都沒有那麼容易感受得到。

♥ 陰道內部需要開發

G點與子宮頸等近的子宮頸等性敏感帶剛開始並不容易得到快感，更別說達到高潮了。尤其子宮頸是個非常纖細敏感的部位，若是故意插入男性生殖器或手指的話，反而會讓這個部位因為刺激過於強烈而感到疼痛。因此我們要先讓這個部位習慣被觸摸，之後再利用按壓、推揉等方式溫柔地刺激，讓子宮頸慢慢地感受到快感，這樣才能開發成情慾之地。

♥ 不少人害怕高潮

坦白說，很多女孩子從未體驗過真正的高潮，加上G點帶來的高潮又與尿意湧起的感覺類似，讓人誤以為自己是不是漏尿了，所以有些女孩子其實不太喜歡高潮。既然要做愛，當然會希望對方能擁有一段銷魂難忘的激情，但女孩子若是會怕，就不容易達到高潮，所以要先讓對方安心，才能盡情享受這充滿未知的感受。

頂住子宮口，高潮難抵擋！

聽說那個能讓每個女孩子興奮到醉眼朦朧的子宮口位在陰道深處。這個位置，自己的大老二頂得到嗎？不，我一定要頂給大家看！因為我想要看看那個小妞意亂情迷、淫蕩嬌媚的模樣！

常見度	★ ★ ★ ★
香豔度	★ ★ ★ ★ ★
測量老二長短度	★ ★ ★

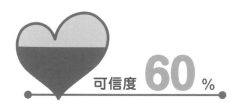

可信度 **60** %

陰道深處確實也有性敏感帶，只是……

　　陰道深處有子宮頸之類的性敏感帶，這個部位若是達到高潮，襲擊而來的快感恐怕會讓其他性敏感帶望而興嘆。可惜的是，這個部位並不如成人漫畫描繪的那樣可以輕易刺激到。

♥ 子宮附近的性敏感帶

　　子宮附近有好幾個性敏感帶。例如鼎鼎大名的子宮頸就位在子宮口。除此之外，還有靠近子宮頸及陰道穹頂部的A點與位在其下方的K點。這兩個地方雖然鮮為人知，卻是插入陰道深處時會不知不覺刺激到的性敏感帶。這些性敏感帶的共同點是，在還沒習慣刺激之前，並不是會讓人感到舒適的部位。

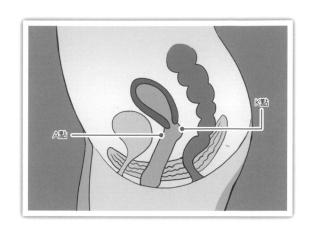

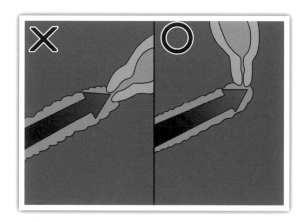

♥ 沒有辦法像成人漫畫那樣頂著子宮口？

　　成人漫畫經常出現從正面頂著子宮口的畫面。其實子宮口並不是筆直地從陰道延伸，而是在尾端呈「く」字連結。所以就算插入陰道深處，子宮口也不會在陰道尾端等著你去頂。這個部位雖然刺激得到，卻不容易用龜頭去頂或擠壓，就現實來講，頂多在子宮口前端以摩擦的方式刺激。

♥ 子宮會下降是真的嗎？

　　當女孩子達到高潮時，陰道會出現一種名為「帳篷效應」的反應。首先陰道深處會膨脹，子宮會傾斜到幾乎快與陰道垂直，子宮頸管延伸到膨脹處。只要子宮頸管延伸，子宮口就會比較容易受到刺激，以男孩子的立場來講，會感覺子宮好像下降了。順帶一提，當體內發生這種現象時，女孩子是不會有任何感覺的。

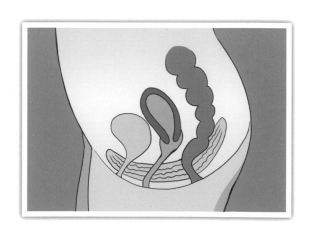

宛如雜技團的體位，讓人亢奮爆裂!!

這是一個彷彿在做體操的體位，完全不知道哪個地方現在是什麼情況，但是女孩子卻沉醉不已，嬌喊「你頂住的地方好舒服喔」。這就是所謂的合體嗎？

常見度	★★★★
香豔度	★★★★★
默契合拍度	★★★★★★★★★★

可信度 **30** %

或許有些人會得到成就感……

　　宛如雜技團的體位必須兩人默契足夠才能進行。既然如此，完成時的成就感應當會震撼人心。姑且不論這種體位所帶來的舒適感，這樣的姿勢對身體所造成的負擔其實不可輕視，所以絕對不可以勉強自己硬撐喔。

❤ 對身體負擔不小

　　雖然明白大家對於一般體位稍嫌不足，想要嘗試一些奇特體位的心情，但整體來說，這樣的體位通常都會對身體造成相當大的負擔。以打樁機為例，這是個先讓女孩子身體弓起來，再將臀部整個往上抬的體位。在這種情況下，活塞運動的衝擊以及男孩子的體重會整個落在女孩子的腰部，因而對於身體造成極大的傷害。

好痛苦喔！

對於體位的印象

❤ **正常體位**
好：看得見對方的臉，比較安心。容易頂到G點等。
壞：撞到恥骨會很痛。不好意思讓對方看到自己的表情等。

❤ **後背體位**
好：會有種深入的感覺。表情不會被看見，比較不容易尷尬等。
壞：看不見對方，不知道對方會做什麼。肛門被看到會很丟臉等。

❤ **騎乘體位**
好：可以頂著自己感覺舒適的地方。女孩子可以掌握主動權等。
壞：不知道要怎麼扭腰擺臀。讓對方看到自己的鼻孔很丟臉等。

❤ 對於體位的印象形形色色

　　即使是常見的體位，女孩子心裡也會有喜不喜歡、擅不擅長之分。甚至有些女孩子不太喜歡正常體位。可別想說既然對方覺得一般體位不是很舒服，那麼是不是要來些雜技團的體位才會有感覺。我們要先問問女孩子對於一般體位有何看法，進而選擇適合對方的體位。

❤ 變換體位的效果

　　多數人做愛的時候，每次通常都會變換1～3次體位。改變體位的好處，就是可以重新控制，刺激不同部位。但在變換的過程當中若是不夠順利，兩個人的炙熱情慾就有可能會因此冷卻。與其堅持在保持插入狀態下變換體位，不如暫且抽出小弟弟，換好體位再插入反而會比較好。

無套性交，銷魂酥麻！！

「明明只是少了一層保險套而已……怎麼會舒服到整個人都快融化了呢！」就只是將這不到一釐米的牆給拆除，沒想到差異竟然會這麼大！只要試過一次，下次就會吵著不要戴套了！

常見度	★★★★★
香豔度	★★★★★
回不去的程度	★★★★★★★★

可信度 **30** %

感受到的刺激不會變？

對男孩子來講，有沒有戴保險套或許有差；但是對女孩子而言，雖然有合不合肌膚的問題，但在刺激肉體的強度上似乎是沒有什麼差異。

舒爽銷魂是因為心理作用？

對女孩子來說，男孩子有沒有戴保險套在刺激肉體上其實幾乎沒有什麼差別的。會覺得不戴保險套感覺會比較舒服，應該是特別又興奮等心理作用造成的。不用說，做愛不戴套當然就會提高懷孕的機率。相愛的兩個人有孩子固然欣喜，但是對於撫養孩子的環境以及決心都還沒有做好心理準備的人，恐怕未必樂見。大家千萬不要為了逞一時之快，而忘記避孕的重要性喔。

沒有要戴套……
會緊張耶。

不戴套最好嗎？

若問不戴套是不是最好的選擇，答案是未必。若是覺得女孩子好像不太想懷孕，那麼做愛時不戴保險套可能會讓對方害怕擔心，也因此不容易得到快感。反過來說，正因為帶了保險套，對方做起愛來時說不定會放得更開。所以除了避孕，戴保險套還有其他用意。至於要不要戴套，就先認真聽聽女孩子的想法再決定吧。

各有優點

不戴套的優點
帶來肌膚相親的興奮感，且沒有保險套的拉扯感，在進行活塞運動時會更加順暢。

戴套的優點
大幅降低懷孕機率的安心感，以及若是對方染上性病，可以預防被傳染。

不戴套會怕，但是又想做得舒服！

保險套的薄度、形狀及材質各有不同，要是尺寸有落差，戴起來就會非常不舒服。另外，戴上保險套之後，有些女孩子會出現陰道搔癢、刺痛等症狀。這種情況有可能是保險套的材質或者是潤滑液不足所造成的。只要選擇適合自己和對方的保險套，就算戴套也能擁有一場餘韻猶存的美妙性愛。

關於各式各樣的保險套

薄度
平均的薄度為0.02～0.03釐米，但也有0.01釐米的超薄型以及0.1釐米的超厚型。

材質
以聚氨酯和乳膠最普遍，也有天然乳膠這種材質。

形狀、香味
某些產品的表面有顆粒，有的甚至帶有巧克力的香味及味道。

成人漫畫二三事

嬌喘呻吟不可忍

忍住不呻吟的模樣固然可愛，不過男孩子還是會希望女孩子不要忍耐。既然發出聲音真的會比較舒暢的話，那就大聲地叫床吧！「嬌喘聲……就不要再忍了啦！」

常見度	★★★
香豔度	★★★★
開放感度	★★★★★★★★

※啊啊～

可信度 **80** %

發出聲音，解除矜持!?

做愛時發出的呻吟聲具有讓對方更加亢奮的效果，這在生物學上是正常且正確的行為。另外，人類還可藉由發出聲音釋放一些壓抑的情緒呢。

♥ 就算聽到自己的聲音，也會覺得舒爽興奮

男孩子一聽到女孩子的嬌喘聲就會興奮是不言而喻的事，不過有時女孩子在聽到自己的喘息聲時也會跟著亢奮。原因在於女孩子有時對聲音會比較敏感，一旦聽到自己的聲音與平常不同，正在做愛的感覺就會更加強烈，所以心情上也會跟著興奮起來。另外，想像自己正在嬌喘的模樣也是主因之一。

♥ 不出聲並不等於沒有感覺

做愛時悶不吭聲並不代表沒有感覺。以生物學來講，發出聲音雖然是正常現象，但情況因人而異，而且只是發出「啊嗯～」的話，嚴格來講並不算是嬌喘聲。成人漫畫通常都會透過淺顯易懂的文字來描述呻吟場景，但在現實生活當中，有的人只會發出喘息聲。所以沒有必要硬逼對方發出嬌喘聲，到底有沒有感覺，直接向女孩子確認更實際。

♥ 想忍就忍吧！

之前提到發出呻吟聲不是一件壞事，但是悶不出聲也會帶來另一種效果。隱忍的話，偶爾洩漏的嬌喘聲有時反而會讓人更興奮，而且毫不吭聲還能暫時壓抑興奮的情緒，在稍微拉長達到高潮的時間上頗有效果。若想讓兩人交纏的時間再久一點、讓男孩子再興奮一些的話，女孩子不妨試著忍著不嬌喘，這也不失為做愛的樂趣之一。

♥ 男人也會叫床嗎？

一般來講，或許我們鮮少聽到男人叫床，但他們若是也能發出呻吟聲，這將會是相當有意義的事。因為對女孩子來說，知道男孩子有反應是一件令人開心狂喜的事，光是聽到對方發出「嗚喔喔」的呻吟聲，就足以點燃亢奮的情慾。當然，兩人在床笫之間明確告訴對方自己「很舒服」也是一件非常重要的事喔。

內射氣勢磅礴，瞬間融化升天

男孩子射精的時間若能與女孩子達到高潮的時間同步的話，會是一件多美好的事啊！爆射的精子刺激子宮口，兩人同時陷入銷魂的激情，這才是至高無上的愛的形式。

常見度	★★★★★
香豔度	★★★★★
一起高潮的喜悅度	★★★★★

可信度 **10** %

射在裡面會有感覺嗎……

　　射精時的力道與分量幾乎快讓子宮爆滿的畫面，是成人漫畫的誇張表現。其實男孩子射出的精液量頂多一茶匙，至於女孩子會不會有感覺……情況因人而異，不過可能性應該不高就是了。

❤ 就算射在裡面，也只有些微感覺

　　如前所述，男孩子每次的射精量平均約為一茶匙。射出的力道沒有那麼強，也不像成人漫畫那樣源源不絕。在這種情況之下，女孩子恐怕難以掌握精子射出的感覺，知道對方已經內射的時間點，往往是在男孩子抽離、精液流出的時候。就算知道對方已經射了，獲得的刺激應該也不會強烈到高潮。

❤ 心理因素居多

　　女孩子若是在男孩子中出時也達到高潮的話，極有可能是因為內射這個事實讓她們在心理上產生快感，而不是內射的物理刺激帶來興奮。射在裡面這個特別行為所給予的興奮感，以及男孩子在眼前呈現的射精模樣讓他們將這亢奮的情緒牢記在心。說不定女孩子就是因為對方快要把持不住宣告「我要射了」，所以才會一起達到高潮。

❤ 「溫熱」也是誇大其詞？

　　成人漫畫經常出現女孩子在男孩子內射後，脫口說出「有熱熱的東西流出來！」，這也是一種誇張的表現。基本上精液的溫度與人的體溫相同，或者再低一點，兩者之間的溫差應該還不至於會讓人感到溫熱，很多人甚至覺得精液的溫度還要再涼一些。只是「熱」比「冷」更能讓人感到興奮，所以成人漫畫才會出現這樣的表現。

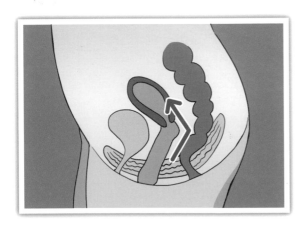

❤ 直達子宮，難如登天

　　這也是成人漫畫常見的表現，但這是為了讓人更容易了解內射情況而呈現的畫面，就現實來講，在物理上幾乎是不可能的任務。陰道與子宮並非成一直線，而是呈「く」字狀。所以就算發生帳篷效應（請見第51頁解說），陰道與子宮也不會呈一直線。除非男性的生殖器形狀特殊，否則直接頂著子宮的情況是不會出現的。

達到高潮，愛液如潮！

有沒有達到高潮，男孩子看射精就知道，女孩子看潮吹就明瞭。那彷彿噴泉狂瀉的春水，不正證明了自己已讓女孩子性滿意足了嗎？

常見度	★★★★
香豔度	★★★★★
漲潮度	★★★★★★★★★

可信度 **20**%

潮吹未必等於高潮

成人漫畫經常以潮吹的視覺畫面來表現高潮，但就現實來講，這兩者未必能劃上等號，因為潮吹之前所需要的刺激量與達到高潮所需要的刺激量不同。

♥ 潮吹的「潮水」是什麼？

這個潮水是從尿道排出的液體。基本上，這種體液的成分大致與尿液相同，不過PSA、PAP與葡萄糖的比例較高，且氨的含量較尿液少。潮水所含的成分如右表，顏色多為透明或者白濁狀，有時會偏黃。排出的量有限，2～3毫升或少量的話通常較為黏稠；量愈多，濃稠度就愈低，而且幾乎是透明液體。只要G點受到刺激，就會促使潮水排出。

潮水的成分

♥ 肌酸酐（Creatinine）

♥ 葡萄糖

♥ PSA（攝護腺特異抗原）

♥ PAP（攝護腺酸性磷酸酶）

……等等

♥ 潮吹的感覺和尿意相同？

「潮吹是一種感覺和尿意很像的高潮」是最普遍的說法。這種說法不算錯的原因，在於潮水與尿液都是從尿道排出的體液。所以從未體驗過潮吹的女孩子往往會分不清尿意與潮吹，有時甚至還誤以為是自己不小心漏尿而感到丟臉，心生排斥，所以許多人有感覺時會憋住。

♥ 會不會潮吹因人而異

如上所述，若有潮吹徵兆，女孩子就會憋住。更何況就算達到高潮，女孩子也未必會隨之潮吹，每人狀況各有不同。沒有噴出潮水，並不代表對方沒有達到高潮，慾求沒有得到滿足。潮吹時應該刺激的G點其實也是非常容易受傷的部位，所以大家千萬不要用手指過度刺激，逼迫女孩子噴出潮水喔。

絕頂升天，「抽搐不斷!!」

高聲嬌喊的同時，身體不受控地往後仰。彷彿水面漣漪陣陣泛起的抽搐模樣，簡直和汽車超速傳動沒有兩樣。沒想到炙熱到宛如火燒的肉體竟是如此風騷妖嬈。

常見度	★★★★
香豔度	★★★★★
高潮抽搐度	★★★★★★★★★★

可信度 60 %

雖非絕對，但有人會「抽搐」

每個人的高潮反應並不一樣。在這當中，有的人會身體痙攣，有的人則是會抽搐顫抖。只要刺激愈強烈，動作就會愈大。但也有人達到高潮時，反而看不出什麼反應。

❤ 高潮時的各種反應

每個人達到高潮時的反應雖然不同，但還是有幾個具代表性（見右表）的情況。雖然我們不會像成人漫畫中那樣不停抽搐，不過有的人確實會微震顫抖。另外，在現實生活中，有的人還會出現雙腳伸直的反應。除此之外，有的女孩子達到高潮時陰道口會收縮，陰道深處甚至出現膨脹現象，有的男孩子在插入時，甚至能感覺到女孩子體內的變化。

高潮時的反應
❤ 緊緊抓住某個東西
❤ 身體蜷縮
❤ 屏息
❤ 身體後仰
❤ 雙腳伸直
……等等

陰蒂高潮

陰道高潮

❤ 達到高潮的方式不同，反應也會變

女孩子的高潮有分成好幾種類型（見第49頁解說），類型不同，反應通常也會不一樣。陰蒂高潮的話女孩子的身體不僅會顫抖，還會用力往後仰或者是蜷縮，反應一看就知道。相對的，陰道高潮的話女孩子會全身放鬆，腦子一片空白，動作不多，呈現的反應乍看之下往往會讓人毫無頭緒。

❤ 沒有反應並不代表沒有達到高潮！

如前所述，女孩子就算達到高潮，反應往往不會那麼明顯。所以沒有反應並不代表對方沒有達到高潮，或者是尚未滿足。陰道高潮的反應通常會比較小，而且也不明顯。但對女孩子來說，這樣的高潮應該已經消耗了不少體力，男孩子若是繼續下去，恐怕只會在女孩子心中留下痛苦的回憶。所以當對方的呼吸變淺、反應遲鈍時，不妨向女孩子確認一下吧。

只要中出就會懷孕！

如果是相愛的兩個人，內射就可能會懷孕，這是不言而喻的道理，不可否認的事實。所以請深思熟慮後再內射。若是已經做好心理準備，10個月後就會多一個家人喔。

常見度	★★★
香豔度	★★★
與未來息息相關度	★★★★★★

不……不可以射在裡面，這樣會懷孕的……

可信度
33%

每個月有2/3的日子是安全期

內射並不表示一定會懷孕。女孩子每個月有2/3的日子稱為安全期，在這段期間做愛的話，懷孕的機率約10%。若是要讓女孩子懷孕，那麼男孩子就要做好準備才行。

♥ 什麼是危險期與安全期？

基本上女孩子的身體會配合生理週期排卵。而所謂的安全期，是指比較不容易排卵的日子，而且這段期間的體溫通常會偏高。危險期是指排卵日的前後幾天，女孩子在這段期間內特別容易受孕，而排卵的前後2天更是超級危險期。這段期間的體溫通常會偏低，因此可以根據體溫變化來掌握生理週期。不過這個週期會受到壓力影響而變動，故還是要小心留意。

♥ 不可以擅自內射！

雖然安全日不易排卵，但這並不代表女孩子在這段期間完全不會排卵。就算是安全期，懷孕的機率還是有10%，所以千萬不要過於自信。精子在射出之後依舊可以存活2至3天，女孩子若是在這段期間排卵的話，相形之下就會進入危險期，如此一來懷孕的機率就會大幅提升。在沒有下定決心撫養孩子的情況下，男孩子絕對不可以毫無責任地在女孩體內射精。更別想說要是不小心中獎，拿掉就好了。

嗯～已受精……♡

在精子與卵子相遇的背景之下，女孩子臉上露出了恍惚的表情。深信射精與受精同時進行的她散發出一股生命的耀眼光輝。總之我們已經有所覺悟，準備當爸爸了！

常見度	★★
香豔度	★★★
命中的精準度	★★★★

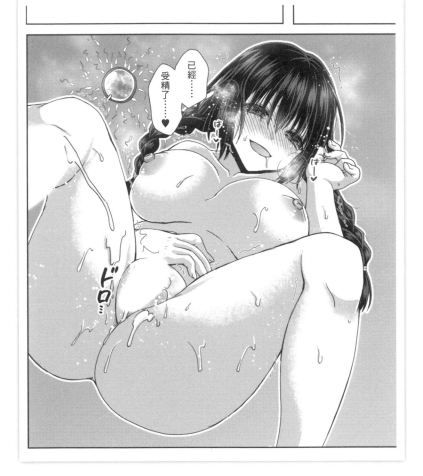

可信度 5%

射精後是不可能馬上受精的

精子進入陰道之後未必會立刻遇到卵子，必須經過一段漫長的旅程才會與卵子邂逅。而且即使受精，女孩子也未必會感受到刺激，或者產生任何感覺。

♥ 懷孕的機制

精子在進入陰道內部之後，快則幾個小時，慢則1至2天就會經過子宮頸管、子宮及輸卵管，與卵子結合。受精卵會在7至10天內到達子宮，並在子宮內膜上著床。這個時候才能正式稱為懷孕，而且用驗孕棒測試時會出現兩條線。只有受精並不代表懷孕，因為受精卵最少要1週才會著床，所以在射精當下女孩子是不可能懷孕的。

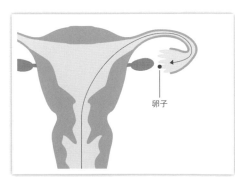

卵子

成人漫畫 入手途徑

擁有一本成人漫畫是個困難重重的任務。因此這個專欄要傳授成人漫畫的入手攻略法，以免大家在進行這個任務時，因殺出程咬金而前功盡棄。

📖 購入篇

可別以為這只不過是普通的買書行為，在這段過程當中，還有許多考驗正等著我們。接下來就為大家介紹買書時會遇到的考驗，以及進攻時必須具備的技能。

網購
危險度
★★

盡可能自己收包裹！

這是最簡單又最安全的入手方法。但家人代收包裹時要是不小心看到裡頭的話，恐怕就要召開家庭會議了。這樣的考驗，就利用網購特有的「寄來的東西與我訂的東西不一樣」這個常有的購物問題敷衍過去，度過難關吧！

便利商店
危險度
★★★

要是喜歡的女孩子在那裡工作的話……

常去的便利商店有個笑容燦爛的女孩子在那裡上班，但是不想讓她以為自己是愛買A漫的人！既然如此，那就調查一下對方的上班時間，盡量在她休假的時候領包裹吧！逼不得已時，就用閒聊分散她對包裹的注意力吧。

社區書店
危險度
∞

棘手的存在、熟悉的店員

從小就知道你的為人、堪稱頭目級的人物。在這種情況之下，我們可以採用將成人漫畫夾在正經書裡面，也就是「A漫三明治」技術，告訴這位不好應付的對手自己是個求知欲旺盛的好學家。說不定某天對方就會發現你已經長大了。

必備技能

★A漫三明治
將成人漫畫夾在字典或學術書籍之類的正經書裡，結帳時比較不會尷尬的技能。

📖 發掘篇

如果你是富有冒險家精神的人，成人漫畫的正常購買管道已經無法滿足你的話，那麼不妨去找找在野外沉睡的寶藏吧。接著就來介紹最具代表性的發掘場所！

公園
發現期待度
★★

適合初學者輕鬆尋找的地點

不管是花叢裡還是長椅上，都有可能找到好心人留下的成人漫畫，是搜索範圍狹窄，無論何時來都沒問題、相當適合初學者尋找的地點。不過負責管理公園的機構會定期打掃，所以發現期待度不高就是了。

河堤旁
發現期待度
★★★★

伴著夕陽探索也別有一番情趣

這個地方的成人漫畫通常會原封不動地躺在橋下或者長長的草叢間，發現期待度相當高。若是幸運找到寶物，不妨順勢坐在河堤上，在一邊感受「這本書的前主人一定和我一樣坐在這裡欣賞晚霞」的雅致中，一邊享受翻閱的樂趣。

後山
發現期待度
★★★
★★★

懷春少年夢想的交流場地

後山的廢物堆放處極有可能是懷春少年代代相傳的A漫挖掘場所。只要來到這裡，說不定就會出現意想不到的寶物。只是保存狀態可能不佳，但是用「A漫吹風機」的話，說不定就能恢復原狀。

必備技能

★A漫吹風機
就算書本的狀態已經嚴重到無法翻頁，只要用吹風機吹乾，就能夠迅速恢復原狀。

第3章

特殊情況篇

　　常見啊嘿顏與春藥玩法這種獨特場景也是成人漫畫的特色。但在現實生活當中真的會有這種事嗎？就讓我們好好一探究竟吧！

高潮過頭的恍神狀態

因為刺激的凌辱玩法嬌喊「我要高潮了！」的女孩子，在經過激烈到讓人有點害怕的淫戰之後，就整個人進入放空狀態。照這麼看來，應該也會有女孩子興奮到昏厥，不醒人事才是！

常見度	★★★★
香豔度	★★★★
香汗淋漓度	★★★★★

可信度 10%

每個人達到高潮的方式不一樣。
也不是沒有整個昏過去的人

漫畫中出現這樣的畫面，往往是為了呈現做愛的激烈程度以及激情過後的舒適感受。在現實生活當中雖然不至於不存在，但是興奮到會昏過去的人應該是少數派。

♥ 激情過後的反應形形色色

男孩子的高潮一定會伴隨著射精，一看就明白。但是女孩子卻沒有任何體液會排出，只能透過本人的言行舉止來判斷。以動作來講，有的人身體會整個往後仰，或者是大聲喊叫，相當明顯；但也有的人只會微微顫抖，或者是緊皺眉頭。當中還有人會整個癱軟、放空，甚至昏倒在地。

♥ 不可以凌辱到讓對方昏過去嗎？

高潮過後整個人昏過去並不是因為太過舒爽，而是一種人體的防衛機制。我們的身體會將過度的興奮誤認為是壓力，所以會突然降低血壓以保護身體。當然並不是每個人都會這樣，只不過亢奮是一種會對身體造成負擔的行為，就算沒有採取這樣的性玩樂方式，也不要刻意讓對方亢奮到昏過去，一定要多加體恤對方才行。

♥ 高潮過後要如何與女孩子應對呢？

女孩子要是癱軟在沙發或地板上，就秉持紳士態度，將她抱到床上去。就算慾求不滿，也不要強行硬來第二次，因為女孩子身體是很敏感嬌柔的，如此粗暴的舉動只會淪為不智之舉。為了讓下一場性事也留下美好回憶，熊熊的慾火就先在腦子裡冷靜一下，盡量體諒對方的疲憊吧。

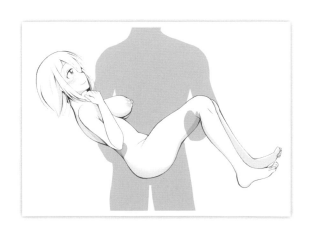

「再來一次嘛……♡」索求無度的女孩子

　　歡愉時光若是草草結束，這場性事就會顯得乏味。性慾旺盛的女孩似乎察覺到這樣的氣氛，竟然開口要求「再來一次」。那麼現實生活中的女孩子一定也會要求不少次！

常見度	★★★★★
香艷度	★★★★
太過年輕度	★★★★★★★

可信度 **70** %

達到高潮的方式與男孩子不一樣 當然可以再來好幾次

女孩子的性滿意機制與只要射精一次就能滿足、興奮的情緒也會慢慢消退的男孩子不一樣，很多人只要情況允許，就會想要再多做幾次。

💛 女孩子為什麼可以高潮迭起？

右圖表達的是男孩子和女孩子做愛時興奮程度的差異。從圖中我們可以看出男孩子在短時間內就會一舉興奮到極點，在達到高潮的同時，亢奮的情緒也會開始消退（俗稱「賢者時間」）。相對地，女孩子就算已經有過一次高潮，依舊能夠立刻迎接下一個高潮。雖然體力有限，但是女孩子可以在同一場性愛中高潮不斷迭起。而最主要的因素，莫過於男女興奮的方式不一樣。

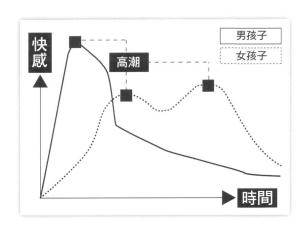

💛 女孩子會一直想要做下去嗎？

很多人以為高潮一次就夠了，但若是與性伴侶合得來，或者情慾依舊濃烈的話，就算是女孩子，也會想要再多做幾次的。雖然最後的決定權在於男孩子，但是我們要記住，騷動並且滿足女孩子的性慾其實也是一項非常重要的性愛技巧。

💛 這對女孩子有好處嗎？

女孩子一要再要，其因恐怕不只是為了滿足性慾。要知道，做愛是非常消耗體力的運動，所以能夠帶來減肥效果。不僅如此，做愛還能消除壓力、提高免疫力，同時刺激各種荷爾蒙分泌，讓人睡得安穩、肌膚亮麗，不管是在健康或美容方面的好處不勝枚舉。既然如此，不如把這場性愛當作是可以讓女孩子變得更加亮麗動人的運動，好好努力加油吧！

💛 女孩子索求無度時的注意點

剛才提到，做愛是相當消耗體力的運動，加上男孩子基本上無法連續射精，想要維持興奮狀態其實不太容易。若是硬撐，在最壞的情況之下恐怕會得到不同含義的銷魂升天。可愛的性伴侶都這麼苦苦哀求了，就算精盡人亡也要極力滿足是男孩子都會有的心態，但是偶爾也要體恤自己的辛勞，好好休息喔。

「嗯～好吃……♡」津津有味地吞下精液

　　只要將溫熱的白色果醬射進女孩子嘴裡，對方就會咕嚕咕嚕地吞下去。從那性福洋溢的表情，精液在她們心目中一定是人間美味！

常見度	★★★★★
香豔度	★★★★
獻身度	★★★★★★★

可信度 10 %

雖然每人味覺各有不同 但絕對稱不上美味

每個人對於口味的喜好千差萬別，所以精液是否讓人覺得美味也取決於女孩子的看法。但至少我們可以先知道一點，那就是大多數的人都覺得這種東西「不算美味」。

♥ 那是什麼樣的味道呢？

據說精液的味道會因為射出者的生活習慣而有所不同。有的苦，有的甜，有的甚至鹹鹹的，不過共通點就是有一股獨特的腥味，含在口中時一定會有感覺。另外，精液是一種非常濃稠的液體，因此很多人其實不喜歡那種卡在喉嚨的不適感。

好腥喔……

♥ 不吞精就是不愛我！

如前所述，精液的滋味絕對稱不上可口。要是硬吞下去，不快的感覺恐怕只會壓過愛情，這樣反而讓人掃興，不是嗎？另外，有的女孩子擔心吞精之後再接吻的話，恐怕會讓對方覺得噁心。總而言之，女孩子說不定就是為了加深彼此之間的愛，所以才會儘量將精液含在口中。但就現實而言，確實也有人把吞精這件事視為是一種表現愛情的方式。

♥ 吞下去沒關係嗎？

吞下這種腥味重又難喝的東西真的沒關係嗎？其實精液的成分有99％都是蛋白質、胺基酸、檸檬酸、鋅以及果糖等，也就是從一般食品當中就能夠攝取的物質，所以基本上吞下去是不會有問題的。只是患有HIV等性傳染病的人排出的精液通常會潛藏病原體，隨便亂吞的話會有感染的風險，所以在要求對方吞精之前，一定要先確認自己的身體健康狀況喔！

為什麼要吞精？

♥ 取悅對方
有人說可以藉此看出女孩子的獻身精神。但即使女孩子有這個念頭，男孩子也不可以強求對方這麼做。

♥ 初體驗時男孩子說要吞精
有人說他第一次做愛的時候，通常都是由男孩子主導。而男孩子要求女孩子吞精的目的，據說是希望能給對方留下深刻的印象。

♥ 受到漫畫及AV的影響
這是一種透過創作來學習模仿吞精的模式。但恐怕很少人會當面告訴自己正確的享樂方式。

♥ 因為性癖好
這是一種對於女孩子性癖好的成見，也就是被男孩子捉弄會更興奮。

♥ 男方討厭戴套，沒辦法
「總比射在裡面好吧！」也就是出自於對男方的體貼及無奈。但是男孩子其實態度要更溫柔一點。

♥ 覺得可以養顏美容
有人認為精液裡頭含有美容成分。確實是有，遺憾的是相當微量。

♥ 當時的情慾推波助瀾
有人說他們只不過是隨著做愛的流程順勢吞下去。就某種意義來講，或許是因為互相信任吧！

諸如此類的意見……

過度興奮到噴出母乳

隨著興奮而高漲的母性與湧出的母乳讓人退化到嬰兒時期。從這個充滿夢想與溫柔的乳房噴出的那乳白色母乳味,更是證明了女孩子其實真的很色!

常見度	★★
香豔度	★★★★
嫣實度	★★★★★

怎麼會噴出乳汁呢 ♥

明明沒有懷孕

可信度 **10**%

母乳不會因為性興奮而分泌

首先要告訴大家一件事。那就是性興奮並不會刺激母乳分泌。不用說,已經懷孕或者是曾經生產過的人也許會出現這種情況。倘若情況不是如此,恐怕得要懷疑身體是不是出現異常了。

💜 母乳到底是什麼樣的東西?

母乳通常是因為懷孕時體內荷爾蒙中的「催乳素」濃度增加而產生的。除了哺育寶寶,也有人會把哺乳當作是特殊的性愛玩樂方式,或者是用來製造母乳皂及食物。味道方面取決於女孩子吃的食物,不健康的母乳通常帶有一股淡淡的甜味。喝母乳雖然無害,但這不是為了讓大人喝而分泌的,所以不要過量飲用。

💜 沒有懷孕也會分泌母乳嗎?

上述提到的荷爾蒙若是由於某些因素分泌過多的話,即使沒有懷孕或生產經驗,還是有可能分泌母乳。然而這種情況有時是因為腦瘤之類的可怕疾病所導致,所以在做愛的過程當中女孩子若是分泌出母乳,兩個人可別急著開心,先問問醫師這種情況有沒有問題才是最明智的做法。

「穩定期沒問題」就算有孕在身，也要愛愛

對方的肚子裡孕育著新生命。在為這尊貴的生命感動的同時，日益隆起的肚子與飽滿的乳房也讓人看了不禁興奮起來！但是這個時期可以愛愛嗎？既然已經進入穩定期，應該沒有問題吧。

常見度	★
香豔度	★★★
生命的神秘度	★★★★★

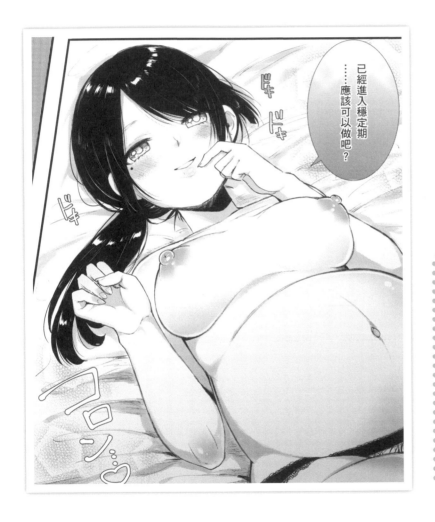

已經進入穩定期……應該可以做吧？

可信度 80%

懷孕期間也能做愛

基本上懷孕期間隨時都可以做愛，不管是懷孕初期還是即將分娩都沒有問題。只是女孩子在懷孕時身體會出現不少變化，為了避免意外發生，做愛時一定要比平常更加小心。

💗 什麼是穩定期？

所謂的穩定期，指的並不是懷孕期間適合做愛的時期。而是指懷孕到了第四、第五個月時，初期出現的孕吐等症狀逐漸舒緩穩定的時期。這個時候女孩子的身體除了肚子，乳房與臀部也會變得更加豐滿。

💗 什麼樣的體位比較好呢？

每個時期的情況不同，但基本上懷孕期間最好採用騎乘或後背體位，盡量避免會壓迫到腹部的正常體位。另外，有些漫畫會出現激烈抽插的畫面，但是為了減輕女孩子的負擔，做愛時動作最好慢一點，溫柔一點。

💗 會不會「撞見寶寶」呢？

輕敲寶寶的房門，會不會讓寶寶嚇到跳起來呢？……這種情況通常是不會發生的。因為子宮口會好好地保護胎兒，不管小弟弟插得有多深，也不會頂到寶寶的。放心吧。

在光溜溜的屁股裡爆菊花！

「嘿～要不要試試看走後門呢？」原本只想淺嚐一番，沒想到一溜，小GG就滑進去了，而且還非常舒服呢！就連女孩子也比平常興奮，高喊：爆菊棒棒！

常見度	★★★★★★
香艷度	★★★★★
驚艷度	★★★★★★

可信度 **10** %

貿然插入不可能！

爆菊花不是一件輕鬆事。因為在感覺舒適之前，男性生殖器是插不進去的。所以突然一桿進洞這件事幾乎可說是天方夜譚。

♥ 只要有洞就能插不是嗎……

乍看之下以為不過是個小洞的肛門，其實是被名為括約肌的肌肉覆蓋的部位。這個肌肉平時會緊緊收縮，以免糞漏出，除非刻意讓這個部位的肌肉放鬆，否則像男性生殖器這種柔軟的物體是難以塞進去的。更重要的是，這個部位算是聚集許多神經之內臟的一部分，硬是插入，只會讓對方疼痛不已。

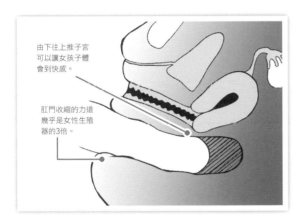

由下往上推子宮可以讓女孩子體會到快感。

肛門收縮的力道幾乎是女性生殖器的3倍。

♥ 舒服嗎？

無論男女，肛交可以為雙方帶來有別於女性生殖器的快感。首先對男孩子來說，比女性生殖器還要緊實的外括約肌以及較為鬆弛的內括約肌讓人感到相當舒適；而對女孩子來說，子宮是從身體內側搖晃，所以會有一股壓迫感以及震動身體核心的舒適感。加上這是一種不正常的性愛遊戲，所以在精神上也會顯得非常亢奮。

需要準備的東西以及注意點

♥ 需要準備的東西

浣腸液
用來排出糞便，清理腸道。

指險套
手指伸入肛門的必備用品。

保險套
男性生殖器插入時的必備用品。

潤滑液
不會分泌潤滑液的肛門之必備用品。

♥ 注意點

清洗
腸道內側並不乾淨，所以要事先清洗乾淨。

全身要放輕鬆
全身沒有放輕鬆，小弟弟就會塞不進去，糟糕一點的話可能會折斷。

活塞運動不可過於激烈
動作太過激烈只會招來疼痛，所以要溫柔地緩進緩出。

嚴禁後背體位！
這是非常容易傷到肛門的體位，所以最好選擇側躺的後側體位。

白眼吐舌、恍惚失神的高潮慾女！

　　露出啊嘿顏及恍惚顏的女孩子達到高潮時，銷魂氣息洋溢。不管是熟女還是妹子，只要露出這樣的表情，就代表對方的DNA已經被高潮臉因子給滲透了！

常見度	★★★★★
香豔度	★★★
擔心度	★★★★★

可信度 **10** %

常理說除非刻意而為 否則不會露出這種表情

漫畫中，女孩子在達到高潮時經常出現啊嘿顏或恍惚顏，可惜這是為了讓女孩子高潮的表情看起來更加淫穢的表現方法之一。除非對方故意，否則在現實生活中應該是不太有機會看到女孩子露出這樣的表情。

♥ 性致來時會是什麼樣的表情？

其實大多數的人在高潮時，通常都不太希望被對方看到臉，理由是「會害羞」。因為這個時候的表情通常是眉頭深鎖、鼻子與嘴巴為了拚命喘息而一臉猙獰，不然就是因為快感而忍不住咬緊牙根……。所以說，當這場性愛激烈到讓全身充滿壓力時，臉上其實是很難浮現像漫畫那樣銷魂又風騷的表情。

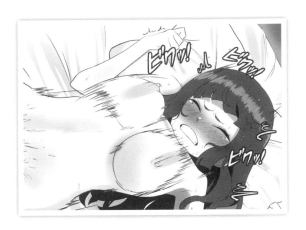

♥ 高潮的表情讓對方看到會很丟臉？

如前所述，很多女孩子會不好意思讓對方看到自己高潮時的表情。所以體諒女孩子的這種心情也是紳士的職責。關上電燈，輕輕一吻，總之盡量不要盯著對方看，可以的話，最好是遮住對方的高潮臉，這才是最重要的。埋首在床單或枕頭底下是女孩子的一種心理表現，所以不要試圖硬逼對方望著你，順其自然，讓對方享受高潮就好了。

♥ 可愛的高潮臉＝沒有感覺？

當性伴侶露出可愛的高潮臉時，總是會讓人覺得「對方可能是在演戲」。但是女孩子並不是故意要這樣對你的。她們會這麼做，其實是不想破壞兩人的關係，所以才會如此小心翼翼。要是看出對方是在演戲，絕對不要為此生氣，要當一個懂得觀察女人心的男孩子才是。

顛覆日常的SM玩法更亢奮

矇住女孩子的眼睛之後把她們綑綁起來，凌辱到高潮……。乍看之下只覺得痛苦的SM玩法反而讓女孩子的反應比平常還要激烈。難不成大家都是抖M!?

常見度	★★★★
香豔度	★★★★★
非日常度	★★★★★★★★★

感覺比平常還要強烈♥

可信度 **50**%

雖然情況端視對方是S或M……
　　但搞不好會比平常更興奮？

雖然每個人的性嗜好都不一樣，但這個在日常生活中無法體會的拘束，說不定會帶來有別以往的興奮呢。

❤ SM玩法可以帶來什麼效果？

當人類的眼睛或耳朵等的五官被遮掩時，本能上就會感覺到不安。要是連其他感覺也被剝奪的話，皮膚的感受程度就會變得更加敏銳，不安的情緒也會非常容易轉化成興奮。不用說，這一切都是奠定在與性伴侶的信賴關係上，並不是和誰都可以這麼玩的。要是覺得平時的性愛玩法稍嫌不足的話，不妨向對方提議嘗試SM玩法。

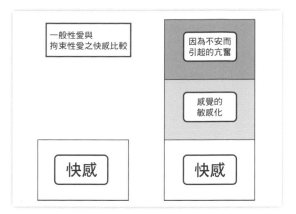

一般性愛與拘束性愛之快感比較

因為不安而引起的亢奮

感覺的敏感化

快感

快感

❤ 想被女孩子挑逗凌辱

想被女孩子挑逗凌辱時，若是突然要求對方把你的身體弄疼恐怕不易。就算要求對方打你，也會因為女孩子的力道不夠，或者是猶豫不決而掃興……要是對方半途而廢那更悲慘。這種情況之下，我們通常都會建議大家選擇不需要施展任何力道的SM玩法，也就是先請對方命令你張開雙腳，或者是要求對方向你進行言語羞辱。凡事不要著急，只要循序漸進，就能慢慢地培養出心目中的SM女王了！

❤ 不會危險嗎？

一般說到SM，通常會讓人聯想到奮力折磨凌辱對方的畫面。但如前所述，這是基於與對方的信賴關係，在互相體諒的情況之下進行的性愛玩法。為了得到更加強烈的快感而把對方緊緊細綁起來是非常危險的事，更別想說這麼做可以讓彼此更加亢奮舒適。既然要用繩子與鞭子，那麼我們就要先學習不會讓對方受傷的細綁及鞭打方式。聽起來或許矛盾，但體貼的傷害方式才是最理想的做法。

❤ 成人玩具要在哪裡買？

成人玩具可以在專賣店購買，但是專用的SM成人玩具價格不斐，想買卻又覺得害羞尷尬。在這種情況之下，大家不妨用睡眠耳罩、耳塞、領帶或者是毛巾等隨手可得的日用品代替。據說SM可以提高創造性。所以就讓我們發揮智慧與巧思，讓這段與性伴侶共處的時間情意更濃，淫意更深。

明明是實際存在的制服，但卻鮮少看過，更別說在做愛時派上用場了。與裝扮有別以往的女孩子來一場獨具匠心的激情戰，一定能讓兩人的亢奮指數爆表。

常見度	★★★★★
害羞度	★★★★★
驚艷度	★★★★★

可信度 **70** %

可以避免情慾之海枯燥乏味

性伴侶的臉及身體一旦熟悉，感覺就會慢慢變得平淡無奇。而能輕鬆打破這種枯燥情況的方法，就是角色扮演。但要注意的是，若脫到一絲不掛就沒有意義了！

女孩子也能樂在其中？

眼前穿著制服的女孩子讓男孩子滿足了視覺上的樂趣，但女孩子本身是怎麼想的呢？女孩子的樂趣之一，就是打扮成夢寐以求的模樣。例如不符年齡的穿著、只有特定職業才能穿上的服裝等等……可以穿上這樣的服裝正是角色扮演的醍醐味。因此我們在此頁的最下方整理出最受歡迎五款角色扮演的服裝供大家參考。

如何入手服裝？

角色扮演一般給人的印象就是得自己準備布料製作，但現在有許多用品店都推出價格低廉的服裝。另外，如果是以前穿過的制服或體育服，也就是自己手邊的舊衣服的話，那麼就不需要花錢了。對角色扮演有興趣的人，說不定可以試著拜託女孩子看看喔。

角色扮演並不是穿上衣服就好……

只是穿上制服，其實過沒多久就會覺得乏味。既然裝扮都換了，那麼場景也要好好設定，同時還要拋棄羞恥心。女孩子要是穿上白色的護士服，那麼我們就可以假裝自己是擁有年輕肉體的住院患者。你會因為害羞而拒絕護士幫你檢查身體嗎？應該是不會吧？既然對方穿上我們渴望已久的制服，那麼我們就要好好扮演自己的角色，才不會辜負女孩子的一片心意！

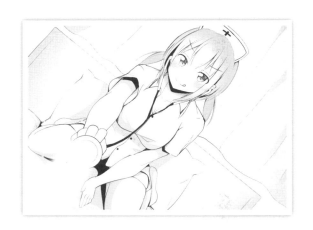

女孩子的五款熱門制服！

水手服
學生時代沒有機會穿上的制服當中，許多人都會想要穿一次的水手服。

西裝外套制服
熱門程度與水手服平分秋色的服裝。暴露的地方少，在隱藏體型上效果不錯。

護士服
現在已經不多見的制服。能讓人回憶起昔日對護士這份職業的憧憬。

神社巫女服
許多人元旦到神社參拜時，看到巫女都會非常憧憬，而且這種衣服遮住體型的效果還不錯。

女僕裝
這種服裝不僅可愛，還可以利用主從設定讓性愛方式有更大的發揮空間。

「明明討厭卻口嫌體正直……」遇到癡漢，暗爽在心

在擁擠的電車裡，有隻手穿過擠壓的人潮伸向自己的屁股。不久，女孩子開始感覺到那隻手慢慢地鑽進裙子，攀向內褲。不過身體卻誠實的做出與厭惡的態度完全相反的反應。

常見度	★ ★ ★ ★ ★
香豔度	★ ★ ★ ★
合法度	×

可信度　0%

招來的只有厭惡！

首先要告訴大家，癡漢是不可允許的犯罪行為，而且這樣的舉動只會讓女孩子感到厭惡，毫無快感可言。這是一種沒有人會覺得幸福的行為，所以大家千萬不要會錯意，擅自亂來。

♥ 女孩子不會覺得舒服嗎？

觸摸敏感的部位確實可以感受到來自外部的刺激，但男孩子若是想要讓女孩子產生快感，那就要先讓對方感到安心才是，這一點非常重要。因為女孩子要是突然被陌生人觸摸到身體的話，心裡只會感到恐懼，不會有獲得任何快感。

♥ 與一般的性愛有什麼不一樣？

癡漢與一般的性愛有兩點最大的不同，一個是女孩子能不能放輕鬆，另一個是對方允不允許你這麼做。就算自己是與對方交情不錯的異性朋友，只要貿然撲倒對方，那麼就和癡漢沒有兩樣。既然如此，那麼找一個可以讓女孩子心情平靜的地方，例如家裡或是飯店，兩人再慢慢營造氣氛，談情說愛。

♥ 已經快要把持不住的話……

明知不可如此，但是癡漢這種行為就是會讓人相當興奮。但人要是一衝動，通常會做出破壞倫理道德的事。要是遇到這種情況，那麼首先要做的，就是讓自己冷靜下來，多深呼吸幾次。手頭若是寬裕，就去找一家招牌春色洋溢的店家，根據店面的女孩照片，找位自己看上眼的小姐。之後，我們就能合情合理，大搖大擺地在時間與店家規則的允許範圍內，盡情享受歡愉時光。

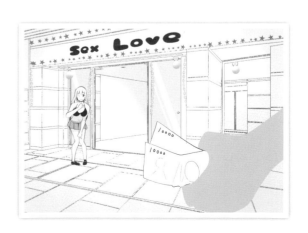

「姊姊已經忍不住了……」隨著年齡高漲的性慾

熟女那人生經歷豐富的成熟肉體，擁有與年輕女孩子截然不同、出神入化的性技以及深不見底的性慾。天哪，好想讓她們榨乾喔！

常見度	★★★★★
香豔度	★★★★
熟練度	★★★★★★★★★★

可信度 **50**%

**性慾雖然因人而異
但確實有人年紀愈大就愈強**

雖說並非人人如此,但是人類的性慾確實會隨著年齡增長而變強。不過,也有人情況剛好相反,所以不要因為對方是年紀較大的姊姊就胡思亂想喔!

♥ 性慾會隨著年齡而改變?

一般來說,性慾是受到男性荷爾蒙的睪丸激素再加上女性荷爾蒙的雌激素影響而產生的。雖說有些荷爾蒙可以控制性慾,但這兩種荷爾蒙在女孩體內的均衡狀態會隨著年齡增長而多次改變,所以性慾也會跟著變動。此外,女孩子對性的態度也會隨著經驗累積而變得開放,有時甚至還會因為周圍男孩子性慾消退而意識到自己性慾比較強。

女孩子的性慾變化(其中一例)

♥ **10歲～15歲**
青春期。把性當作是一種知識而開始產生興趣。

♥ **15歲～29歲**
性慾最旺盛的時期,也是適合生產的年齡。

♥ **30歲～49歲**
大多數的人性慾會因為生產及育兒而大幅降低的時期。

♥ **50歲以上**
更年期。閉經之後睪丸激素會占優勢,使得性慾變強。

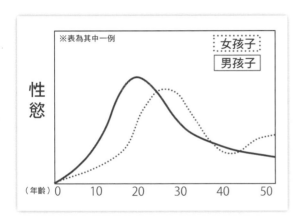

※表為其中一例

女孩子
男孩子

性慾

(年齡) 0　10　20　30　40　50

♥ 男孩子與女孩子的差異

主要的差別在於性慾變強的時間點。男孩子的性慾在20幾歲以前會達到高峰,之後緩慢下降。這是因為睪丸激素的分泌量會隨著年齡增長而減少所造成的。相反地,女孩子的性慾在30幾歲以前會緩慢上升,之後暫時下降。至於性慾是否會再次變強,有的則會在40幾歲左右出現分歧。性慾旺盛時期與性伴侶擦肩而過的原因,就在於此。

♥ 除了年紀,性慾變強的時間點

除了年齡增長,女孩子還有其他會性慾變強的時期,就是排卵日與懷孕的時候。有人說女性會為了準備懷孕及生產而大量分泌雌激素,但這不過是個傳聞,畢竟荷爾蒙並非是造成性慾變強的主因。但確實有女性反應每到這個時期,情慾就會變得難以把持。要是對方向你求歡,好好接受這份心意也是男孩子應該扮演的角色喔。

茫茫人海中，激情大戰誰知曉

在學校、在街上，甚至是附近有人的地方屏息凝聲、偷偷激戰的男女。既然不管玩得有多激烈都不會被人發現的話，那麼何必在家或上賓館做愛呢？

常見度	★★★★
香豔度	★★★★
驚險度	★★★★★★★★★

可信度 **10** %

會被發現的

做愛時發出的聲音、氣味與震動不管有多小心，就是會在不自覺的情況之下洩漏出去。而且很多時候通常是周遭的人基於善意，或者是以成熟的態度來應對這種情況才沒說穿的。

優點與缺點

優點應該就是可以讓自己在這個異於平常的情況之下更加亢奮。在周遭的人不是為了做愛而外出走動時，這個獨屬你我的行為所牽扯的背德感往往讓快感更加強烈。不過這麼做的缺點就是一旦被人發現，因為觸犯公然猥褻罪而遭到社會制裁的可能性也會相對提高。

與打野戰及暴露PLAY的不同之處？

戶外性愛其實就是所謂的「打野戰」，也就是在室外開放的空氣之下享受性愛的玩樂方式。而「暴露PLAY」，顧名思義就是在公共場合以暴露裸體為目的的玩樂方式。這兩者都能讓人感受到緊張刺激的氣氛，但最大的不同在於當事人是否刻意選在有人的地方進行。心情上固然會擔心被人發現，但這也是選擇在人多的地方享受歡愉的關鍵因素。

就是想要享受驚悚氣氛

雖然想在外面打場激情戰，但若牽扯到犯罪，那就有點……為了回應大家的心聲，我們特地挑選了幾個推薦地點。如果你渴求一種異於平常的快感，務必要多加參考。但是故意讓他人觀看可能會觸法，所以在做愛的過程當中，一定要好好拉上窗簾，千萬不要做給別人看喔。

就算有別人，也能享受性愛的地點

♥ 老家
　要是被家人看到，情況會變得非常尷尬，所以刺激程度應該也不容小覷。

♥ 旅館
　但是盡量不要造成其他房客的困擾喔！

♥ 車上
　一定要停在停車場，車窗也要做好遮護。

♥ 高樓大廈的窗邊
　做愛時俯瞰忙碌的街道也不失為一種樂趣。

　　…… **諸如此類**

性滿意足，肌膚晶瑩剔透！

一場讓人性福洋溢的激情結束之後，突然發現「哎呀，女孩子怎麼變得不一樣了？」。肌膚不僅變得光鮮亮麗，而且還晶瑩剔透呢！做愛帶來的效果還真是令人讚嘆呀！

常見度	★★★★
香豔度	★★★
光鮮亮麗度	★★★★★★

可信度 **10** %

乍看之下是不會有任何改變的

人類的肌膚是不可能在這麼短的時間內變得細膩光滑的，更何況光是做愛就足以讓人累到隔天皮膚變得更差。雖然無奈，但我們還是要告訴大家：這只不過是成人漫畫中的幻想畫面罷了。

♥ 那臉上的光澤是什麼？

做愛之後肌膚充滿光澤，通常是為了用視覺表現女孩子對於性事相當滿意。利用這種方式表達女孩心情的原因，在於強調「真的很風騷」！盡情享受歡愉，對性態度開放的女孩子真的很好色。希望她們能夠真正體會到做愛的樂趣……。這就是為何漫畫中的女孩子在激情過後總是神采奕奕的原因。

♥ 只靠做愛是不會變漂亮的

那做愛對於養顏美容完全沒有幫助嗎？其實不然。因為做愛可以舒緩壓力，刺激荷爾蒙分泌，就長期來講，肌膚的狀況還是有可能因此得到改善的。但是我們不能光靠做愛來期待美容效果，最重要的是健康的生活習慣。若要期待做愛帶來的美容效果，那麼在向女孩子求歡時，也要多加體諒對方，不要讓對方太晚睡喔。

♥ 男孩與女孩的差異

在漫畫中鮮少看到男孩了激情過後肌膚光鮮亮麗，理由在於男孩子繳械之後，其實早就已經精疲力盡，全身癱軟。這不管是在現實生活或漫畫世界中，都是一樣的。為了表現男孩子疲憊的模樣，漫畫中的他們有時會一臉消瘦。就算是為了讓性伴侶能養顏美容，男孩子也不可以過於勉強，讓自己精盡人亡。

♥ 精液面膜真的能保養肌膚嗎!?

精液裡頭確實含有胺基酸及維他命等有益美容的成分。既然如此，直接當作「精液面膜」塗在臉上的話是不是就會變得更加亮麗動人了呢？想歸想，但精液裡所含的營養成分其實相當微量。而且精液一乾，還會發出難聞的氣味，使整張臉變得乾巴巴的，所以我們不建議大家這麼做。

塗在臉上就會水嫩有光澤……

讓人秒陷慾海的神奇性愛用品「春藥」

可以讓那個總是很嚴肅的女孩子一吃就發情、露出淫蕩本性的情慾用品,就是春藥!在漫畫中很容易就能到手,那在現實生活當中是不是也有這樣的東西呢?

常見度	★★★★★
香豔度	★★★★
確定沒問題!?度	★★★★★★★★★★

可信度 10 %

沒有這種東西

現實生活中不少東西都有助興功能，但效果並不會像漫畫描述的那樣讓人一吃就春情蕩漾。要是有東西讓人一吃就會淫心泛起，那麼絕大多數應該都是不合法的禁藥。

♥ 春藥有什麼樣的效果？

春藥原本泛指所有能提升性功能的藥物；不過現在提到春藥，通常是指會騷動情慾的藥物。話雖如此，大部分的春藥頂多讓人體溫升高，心跳加速，「想要愛愛的感覺」在心中騷動罷了，所以不要太期待漫畫中的效果會出現在現實生活中。

怎麼覺得比平常還要情慾難耐…？

現實中買得到的藥品

♥ **口服液**
　體溫升高，心跳加速

♥ **塗抹藥**
　讓身體搔癢，催促尿意

♥ **芳香精油**
　放鬆心情，更容易接受性行為

⋯⋯諸如此類

♥ 容易到手的春藥是什麼？

並不是只有非法藥物才會稱為春藥，在一般的藥妝店還是可以買得部分樂物。只是如前所述，絕大部分的春藥頂多讓人吃了覺得「愛慾有點蠢蠢欲動」。與其殷殷期盼，不如放鬆心情，以「會想要做愛應該是吃了春藥的關係吧」的心態來服用吧。

♥ 若要尋找替代品的話⋯⋯

我們日常生活攝取的食物當中，其實有很多是從以前就被認為具有助興效果的春藥。當然，這些食物並不像漫畫所說的那樣一吃就會情慾爆發，不過應該適合用來觸動興奮的心情。右表整理了部分能讓人稍為亢奮的食物，大家不妨參考看看。

搞不好會有效果、垂手可得的春藥

酒類
　是提振心情最具代表性的食物。但勿過量飲用！

咖啡
　一般認為咖啡因的興奮作用有助於提高性慾。

巧克力
　據說吃了之後，產生的腦內物質會讓人興奮。

香草
　香味帶有男性荷爾蒙，具有讓女孩子心跳加速的效果。

鮪魚
　促進血液循環，增進性慾。

肉桂
　舒緩情緒，讓人容易有想要做愛的心情。

無花果
　具有滋養壯陽的效果。

⋯⋯等等

躲避敏銳如獵人的母親
藏匿成人漫畫！

以敏銳的嗅覺搜出成人漫畫、令吾等羞恥無比、最強又邪惡的存在，就是媽媽！為了逃離這隻魔掌，就讓我們來為大家——驗證藏書地點的安全性吧！

📖 主要的藏書地點

我們為大家彙整了幾個藏書地點以及被發現的危險度。不容易被發現＝可以安心翻閱。就請大家斟酌情況，好好把書藏起來吧。

危險度 ★★★★★ 床底下

全天下的男孩子都曾經藏過成人漫畫的地方。可以一邊在床上打滾，一邊隨手把書拿起來翻閱的方便性相當吸引人，但是被發現的機會也大，所以是把雙面刃。不過，也有人衍生出塞在床墊底下，或者是藏在枕頭下的伎倆。

危險度 ★★★ 書盒中

將書盒裡的辭典或畫冊抽出來，把成人漫畫藏在裡面的伎倆。這是一種比較不容易被揭穿的手法，但還是有可能發生媽媽「純粹想要看看這本書，結果發現裡面是成人漫畫」的悲劇，所以書盒的種類要慎選。

危險度 ★★ 天花板、閣樓

公寓的話恐怕有難度，但如果是透天厝的話，就有機會找到這樣的藏書地點。與其他地點相比，這個地方被發現的可能性雖然低，但卻不好拿書，而且還有沾上灰塵或者是受潮等缺點。

危險度 ★★★★ 抽屜

通常我們都會以為媽媽「應該不會亂開抽屜吧」。但令人驚訝的是，全世界的媽媽其實常選擇性忽視個人隱私，所以大家千萬不要過於大意。雖然抽屜上鎖比較不容易被發現，但這樣反而會讓媽媽懷疑「你到底在藏什麼」，可見過度防衛會招致反效果。

抽屜派的巧思！

★往裡面塞

成人漫畫不要直接放在抽屜中間，盡量塞在最後面的伎倆。乍看之下應該是不太容易被發現，只是媽媽的第六感有時會比我們想像的還要敏銳。

★雙層抽屜底

利用板子在抽屜裡隔出空間，再把成人漫畫藏在裡面的伎倆。這是知名漫畫《死〇筆記本》的主角曾經使用的手法。雖然效果不錯，但缺點在於準備工作很麻煩。

📖 被發現時的藉口

不管藏得有多隱密，會被發現的時候就是會被發現。在這種情況之下我們要不慌不忙地找個藉口來維護自尊。

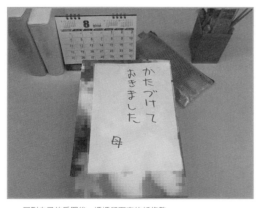

回到自己的房間後，媽媽留下來的紙條整整齊齊地與成人漫畫放在一起。此時眼前一片黑暗，悔恨自己為何如此粗心大意，當下真的會忍不住想要詛咒全世界。

坦白告知

當媽的其實都明白這個年紀的兒子會開始看成人漫畫。若能坦白說出「我也是個健康正常的男孩子呀。看這種書根本就沒有什麼大不了」的話，其實就能把傷害降到最低。只可惜現實生活中，幾乎沒有男孩子選擇這種方法。

推給朋友

人在恐慌之下最常說的，就是「這個是跟朋友借的」、「〇〇忘記帶回去了」。前面提到，媽媽是能看穿一切的。所以像這種單純會讓人覺得你是「會出賣朋友的人」的藉口，絕對嚴禁使用。

聲稱自己是為了練習畫畫

「妳看，提高素描能力最好的方法就是描繪裸體！」雖然明白大家說出這個藉口的理由，但應該是沒有人的媽媽聽了之後會覺得「哇！這個素材不錯耶」。所以結論就是：書要藏好。這樣就不用想這麼多藉口來解釋了。

作家介紹

cover illust

トロ太郎

内文參加作家（依日文50音排列）

うすら氷

海栗

おおおおありくい

岡虎

おねむりくん

キジトラシロ

旧姓斉藤

くあせ

ジェームス

尺太郎

しろがね

高羽もも

只野あきら

唯ノユイ

たぢまよしかづ

トウオウ

古川れもん

ぽんぽん

まみやぽこ

ミトヒ。

むめ

もずこ

良く煮た卵

國家圖書館出版品預行編目(CIP)資料

完全實用版 成人漫畫沒告訴你的性愛
真相 / Post Media編輯部著；何姵
儀譯. -- 初版. -- 臺北市：臺灣東販
股份有限公司, 2022.01
96面；18.2×25.7公分
ISBN 978-626-329-058-7 (平裝)

1.性知識 2.性行為

429.1   110020107

日本版Staff

撰寫、編輯　株式會社PULPRIDE
設計、裝幀　小椋 博之　佐藤 由美子

完全實用版
成人漫畫沒告訴你的性愛真相

2022年1月1日初版第一刷發行
2023年3月1日初版第二刷發行

著　　　者　Post Media編輯部
譯　　　者　何姵儀
編　　　輯　劉皓如、曾羽辰
美術編輯　黃郁琇
發 行 人　若森稔雄
發 行 所　台灣東販股份有限公司
　　　　　＜地址＞台北市南京東路4段130號2F-1
　　　　　＜電話＞(02)2577-8878
　　　　　＜傳真＞(02)2577-8896
　　　　　＜網址＞http://www.tohan.com.tw
郵撥帳號　1405049-4
法律顧問　蕭雄淋律師
總 經 銷　聯合發行股份有限公司
　　　　　＜電話＞(02)2917-8022